AF349310

Logística
hospitalaria

Borja Ozores Massó

Logística hospitalaria

Borja Ozores Massó

Colección: BIBLIOTECA DE LOGÍSTICA
Director: David Soler

LOGÍSTICA HOSPITALARIA
1.ª edición, 2007
2.ª edición, 2012

© 2007, 2012, Borja Ozores Massó
© de esta edición, incluido el diseño de la cubierta, ICG Marge, SL
© Fotografías de la portada, Zurijeta, Dotshock, Anyaivanova

Edita
Marge Books - València, 558, ático 2.ª - 08026 Barcelona
Tel. +34-932 449 130 - Fax +34-932 310 865 - www.marge.es

Gestión editorial: Hèctor Soler, Anna Palacios
Edición: Rosa Serra
Colaboración editorial: Míriam López
Compaginación: Mercedes Lara
Impresión: Service Point (El Prat de Llobregat)

ISBN: 978-84-15340-66-9
Depósito Legal: B-24.203-2012

A Marta, mi mujer,
la única que es capaz de tener siempre una solución.
A Borja, Ignacio, Marta y Gonzalo.

«*...lo que más necesitamos es una moral pública que sepa responder*
a las amenazas que se ciernen sobre la existencia de todos nosotros.»

J. Ratzinger, Benedicto XVI

Índice

Capítulo 4
Sistemas de suministro interno 53

Capítulo 5
La cadena logística intrahospitalaria 67

Capítulo 6
Benchmarking 75

Capítulo 7
Las nuevas tecnologías en la logística hospitalaria 85

Capítulo 8
La externalización de los servicios logísticos 99

El autor

BORJA OZORES MASSÓ

Ingeniero técnico por la UCA y MBA por la EEN. En 1966 funda la primera empresa de *outsourcing* logístico especializada en hospitales de Cataluña, dedicada a la gestión de la logística de varios hospitales públicos del Institut Català de la Salut. Ha sido consultor de proyectos en varias empresas de consultoría y ha dirigido la división de hospitales de Red Española de Logística. Actualmente, es socio director de Gelhos, SL, y ha introducido técnicas avanzadas de logística en la cadena de suministro de hospitales públicos del Sistema Nacional de Salud español. Ha participado como ponente en foros especializados, es formador en logística y cadena de suministro y es autor de diversos artículos sobre la logística en el ámbito sanitario.

Introducción

Los establecimientos sanitarios experimentan, desde hace años, enormes presiones para reducir sus costes y, al mismo tiempo, mejorar la atención sanitaria a los pacientes. Desde que se creó el sistema público de salud en España, la gestión de los hospitales pasó a ser una sufrida parte de las políticas sanitarias, en la que las estrategias de gestión intentan implantar cada vez más unos criterios ajustados a la eficacia. Ya sea desde una gestión centralizada –tipo Insalud– o desde los distintos sistemas autonómicos de salud, siempre se ha querido dotar a los hospitales de un cierto grado de autonomía en su gestión, y es aquí donde la mejora en la gestión de los suministros puede y debe ejercer un papel sobresaliente. La experiencia del caso español que se analiza con más profundidad en este libro es extrapolable a la logística hospitalaria de muchos otros países del mundo.

No nos vamos a remontar mucho en el tiempo para encuadrar el actual panorama sanitario, ya que el gran salto hacia la gestión individualizada tiene lugar a partir del año 2002, cuando el Insalud deja de existir como gestor de centros hospitalarios y se ceden todas las competencias sanitarias a las diez comunidades autónomas españolas que aún no las tenían traspasadas. La sanidad pasa así a ser el primer capítulo en volumen económico de los servicios gestionados por las comunidades autónomas, y representa una media del 35 % de los presupuestos autonómicos globales.

Ya desde principios de la década de 1980, cuando se inició la cesión de la gestión de los sistemas públicos de salud a los diferentes gobiernos autónomos –Cataluña, Andalucía, Canarias, Galicia, Valencia, Navarra y País Vasco–, se empezó a tomar conciencia de que los centros sanitarios, como unidades con cierta autonomía de gestión, deberían funcionar con unos parámetros más acordes con el concepto de *gestión eficiente*. Esta nueva forma de pensar alcanzó también, lógicamente, a los criterios que se debían seguir en cuanto a la forma de aplicar los recursos económicos que había en cada centro, normalmente a través del presupuesto público. Fue a partir de aquí cuando se empezó a considerar la importancia de gestionar de manera óptima las compras de materiales y los procesos logísticos que éstas conllevan, desconocidos por la mayor parte de los responsables de gestión de los hospitales y que, bien llevados, pueden suponer una mejora sustancial en los ratios financieros del centro, pues aunque no se trate de una actividad fundamental del hospital, sí que por su repercusión en la actividad sanitaria es un factor importantísimo en la cuadratura del presupuesto del mismo. No olvidemos que el capítulo de compras puede suponer del orden del 40 % del presupuesto total de un centro hospitalario.

El coste de la actividad logística sigue siendo el gran desconocido en la mayoría de los hospitales. Si exceptuamos el proceso de compra, los almacenes generales y los de planta, los sistemas de pedido y reparto, etc. son conceptos de gasto que consumen una impresionante cantidad de recursos sin que se logre dar satisfacción, en la mayoría de casos, a los usuarios del servicio y a los consumidores del suministro, como son el personal clínico y sanitario (auxiliares, enfermeras/os, médicos, etc.).

Es cierto que los responsables de compras de los hospitales, dirigidos por los directores de compras de bienes y servicios de los sistemas autonómicos de salud, toman más conciencia de los aspectos que hay que mejorar, aunque los criterios que se deben seguir todavía no parecen claros ni uniformes. Se habla mucho de codificación, de externalización, de *benchmarking,* de internet y de plataformas logísticas, pero nadie acaba de poner de acuerdo al sector. Ya sea por cuestiones políticas, de influencia económica o simplemente por temor a perder cuotas personales de poder, las iniciativas que se han llevado a cabo, tanto desde el ámbito privado como por parte de la Administración pública, no consiguen unificar criterios, en tanto que en muchas ocasiones los hospitales funcionan como pequeños reinos de taifas.

Las consideraciones que se han tenido en cuenta para el desarrollo de este libro son aplicables a la totalidad de los centros hospitalarios de titularidad pública de España y los adscritos a la red de hospitales del sistema público de salud; hay que tener en cuenta que estos centros cubren el 68 % de las plazas hospitalarias del sistema nacional y que sus criterios de gestión están cada vez más determinados por la obtención de resultados económicos.

El resto de los hospitales de titularidad privada están sujetos al libre mercado, funcionan con órganos de gestión muy centrados en la rentabilidad de los centros y poseen unos parámetros de funcionamiento muy aquilatados con la actividad que llevan a cabo. Estos centros, al considerar en su facturación el coste por paciente, aplicando el consumo de todos los materiales y actos clínicos consumidos en la cura particular de cada uno de ellos, pueden registrar los consumos de cada producto de forma individual y solicitar la reposición diaria de los mismos al almacén general de manera casi automática. Al menos, en teoría.

Bien es verdad que todavía no se han desarrollado plataformas logísticas mixtas para dar servicio a varios centros, pero es cuestión de tiempo y de factores económicos que ésta se convierta en la tendencia que hay que seguir. Éste es uno de los aspectos que se van a tocar en el capítulo referido a la externalización de los servicios logísticos.

Capítulo 1

Conceptos de logística hospitalaria

1 Situación

Existe un cierto clamor entre la población en el sentido de que la sanidad pública no se gestiona todo lo bien que se debiera, y han sido constantes y repetidas las veces en que se han acometido desviaciones presupuestarias para cubrir las necesidades de los servicios de salud. Las razones que motivan este hecho pueden ser varias. Entre éstas cabe considerar que los ciudadanos no somos especialmente conscientes del gasto que genera la utilización de los servicios que nos ofrecen los sistemas integrados de salud; es decir, el propio usuario-paciente, al no pagar directamente los servicios recibidos, tiende a hacer un uso excesivo de la asistencia sanitaria. En este sentido, en el funcionamiento interno de un centro hospitalario también sucede que los responsables del aprovisionamiento de los servicios médicos (los almacenes de planta o GFH), al no tener que pagar la mercancía solicitada, suelen pedir por encima de las necesidades reales de consumo, y generan con ello un elevado coste, en cuanto al mantenimiento de las existencias almacenadas.

A juicio de numerosos estudiosos y expertos, el futuro del sistema sanitario público pasa por una mejora de la gestión, dotándolo de los recursos económicos suficientes que permitan ampliar los parámetros de eficiencia y calidad. Por este motivo, se han introducido prácticas de eficiencia económica en la gestión de los servicios sanitarios y de calidad en la actividad asistencial, hecho que ha provocado un cambio cultural entre el personal clínico y los órganos gestores, al aparecer el concepto de productividad y rentabilidad de los hospitales y los centros de salud.

Que un hospital sea un *centro de producción de servicios* cuyo proceso productivo está dirigido al enfermo, obliga a que sea considerado eficaz cuando consigue su objetivo primordial –tratar al enfermo– y que sea eficiente cuando logra hacerlo con el menor coste posible.

Es lógico pensar, pues, que la evaluación de la eficiencia de los servicios prestados al paciente es una de las informaciones básicas que debe manejar el órgano gestor de un hospital. Ahora bien, esto que es puesto en práctica por cualquier sistema público de salud, tiene que complementarse con la necesidad de medir y controlar el coste de la producción de esos servicios. La gestión hospitalaria debe tener, por una parte, información relevante para la toma de decisiones sobre aspectos relacionados con el coste de cada una de las unidades especializadas o de los servicios que conforman la estructura operativa del hospital; y, por otra parte, debe estar en disposición de poder obtener información sobre el coste por proceso de cada actividad desarrollada, e incluso conocer el coste por paciente. Esta información se puede obtener mediante la aplicación de protocolos y técnicas propios de la atención clínica y la actividad hospitalaria, y a través de la utilización de otros recursos apropiados.

Los sistemas públicos de salud y, más en concreto, los hospitales, no avanzarán en el control del gasto sanitario, la evaluación de la calidad o la eficiencia de los servicios prestados al paciente, sin establecer, previamente, un sistema de información en los centros sanitarios que permita identificar adecuadamente los procesos desarrollados en cada actividad, el producto de la actividad hospitalaria y su coste. La gestión basada en el coste de las actividades (*activity based costing*, ABC), parte del principio de que es la actividad-proceso lo que genera el coste y no el producto en sí. Su aplicación en el sector sanitario intenta dar un enfoque hacia la gestión estratégica de los procesos que generan costes, y elimina o mejora actividades-procesos superfluos en la cadena de valor de la organización sanitaria.

Los conceptos que desarrollamos en los capítulos siguientes intentan describir el funcionamiento y la estructura operativa de un hospital público, centrándonos en las actividades logísticas llevadas a cabo dentro de un centro sanitario mediante una presentación de los procesos, las oportunidades de mejora y algunas indicaciones de cómo medir la efectividad de los mismos.

2 La teoría de sistemas

La teoría general de sistemas (TGS), desarrollada entre los años 1950 y 1968 a partir de los trabajos de Bertalanffy, no busca solucionar problemas ni proponer soluciones prácticas; su intención es formular ideas conceptuales que permitan una aplicación práctica en cada caso concreto en que se quieran aplicar.

El concepto de *sistema* domina todos los ámbitos sociales, incluyendo a la organización administrativa. De hecho, cada parte de una administración es una estructura autónoma con capacidad de cambio y puede ser estudiada a través de una TGS capaz de propiciar una visión de un «sistema de sistemas» de la organización como una totalidad. Así, el objetivo del enfoque sistemático es representar cada organización de manera objetiva y comprensiva, y lo podemos fundamentar básicamente en los siguientes puntos:

- Un sistema existe dentro de otros sistemas.
- Podemos considerar los sistemas como entes abiertos y contiguos, en los que cualquier estudio requiere un proceso de recepción-entrega de algo en los sistemas adyacentes.

2.1 *El concepto de* sistema

La palabra *sistema* posee diversas acepciones, como el conjunto de elementos interdependientes e interactuantes, o el grupo de unidades combinadas que forman un todo organizado, entre otras. El ser humano, por ejemplo, es un sistema que consta de varios órganos y miembros. Sólo cuando éstos funcionan de un modo coordinado decimos que es eficaz. De igual manera, se puede pensar que una organización es un sistema que consta de diversas partes interactuantes. En realidad, el sistema es «un todo organizado o complejo; un conjunto o combinación de cosas o partes que forman un todo complejo o unitario».

Los problemas reales se caracterizan, desde el punto de vista de un análisis sistémico, por los siguientes aspectos:

- Son procesos dinámicos.
- Las relaciones entre los elementos-procesos no son siempre lineales.
- Existen efectos de reglamentación.
- Los procesos se ven afectados por retardos.

La aplicación práctica de estos aspectos en el análisis de los procesos busca poder explicar el comportamiento de los sistemas, considerados del modo más cercano a la realidad. Una vez determinados los elementos del sistema y establecidas sus relaciones y atributos, se pueden aplicar técnicas de simulación que permitan predecir el comportamiento del sistema en situaciones cambiantes.

2.2 *Características de los sistemas*

El aspecto más significativo del concepto *sistema* es la idea de un conjunto de elementos interconectados para formar un todo que presenta propiedades y características propias que no se encuentran en ninguno de los elementos aislados. Es lo que denominamos emergente sistémico: una propiedad o característica que existe en el sistema como un todo y no en sus elementos particulares. Del sistema como un conjunto de unidades recíprocamente relacionadas, se deducen dos conceptos: propósito u objetivo y totalidad. Esos conceptos reflejan, a su vez, dos características básicas de un sistema:

- *Propósito u objetivo.* Todo sistema tiene uno o varios propósitos u objetivos. Las unidades, los elementos u objetos, así como las relaciones entre ellos, definen una distribución que trata siempre de alcanzar un objetivo.

- *Totalidad.* Todo sistema tiene naturaleza orgánica; por esta razón, una acción que produzca algún cambio en una de las unidades del sistema, muy probablemente producirá cambios en todas las demás unidades de éste. En otras palabras, cualquier estímulo en cualquier unidad del sistema afectará a todas las demás unidades debido a la relación que hay entre ellas. El efecto total de esos cambios o modificaciones se presentará como cualquier ajuste de todo el sistema, que siempre reaccionará globalmente a cualquier estímulo producido en cualquier parte o unidad. Entre las diferentes partes del sistema existe una relación de causa y efecto, por lo que experimenta cambios y ajustes sistemáticos de forma continua.

La delimitación de un sistema depende del interés de la persona que pretende analizarlo. Por ejemplo, en el caso de la logística y, de forma más general, en el caso de la cadena de suministro de un centro hospitalario, podemos definir un macrosistema dependiendo del análisis que se quiera hacer. Podemos dividir todo el proceso objeto de estudio en tantos sistemas y subsistemas como queramos, dependiendo del objetivo que queramos alcanzar y de la visión que vayamos a darle al estudio.

Por lo tanto, es una cuestión de enfoque. Así, un departamento de compras puede considerarse un sistema compuesto de varios subsistemas (suministros, concursos, almacén...) y estar integrado en otro macrosistema (el hospital); también puede considerarse un subsistema compuesto, a su vez, de otros subsistemas (suministros, almacén, etc.), que pertenece a un sistema (el hospital) integrado en un macrosistema (la cadena de compras y suministros). Todo depende de la forma que se quiera dar al enfoque.

La figura 1.1 esquematiza la visión de la cadena de suministro de un centro hospitalario, considerada un macrosistema en el que se definen, a su vez, varios sistemas y subsistemas que pueden ser estudiados o subdivididos.

El sistema global está representado por todos los componentes y las relaciones necesarias para la consecución de un objetivo (el proceso de suministro completo), dado cierto número de restricciones (capacidad de producción, materias primas, etc.). El objetivo del sistema esquematizado en la figura pretende definir la finalidad (aprovisionar el punto de consumo o almacén de planta), para la cual fueron ordenados todos los componentes y las relaciones del sistema, mientras que las restricciones son limitaciones que se introducen en su operación y permiten hacer explícitas las condiciones en las cuales deben operar (precios, número de referencias, plazos de distribución, etc.).

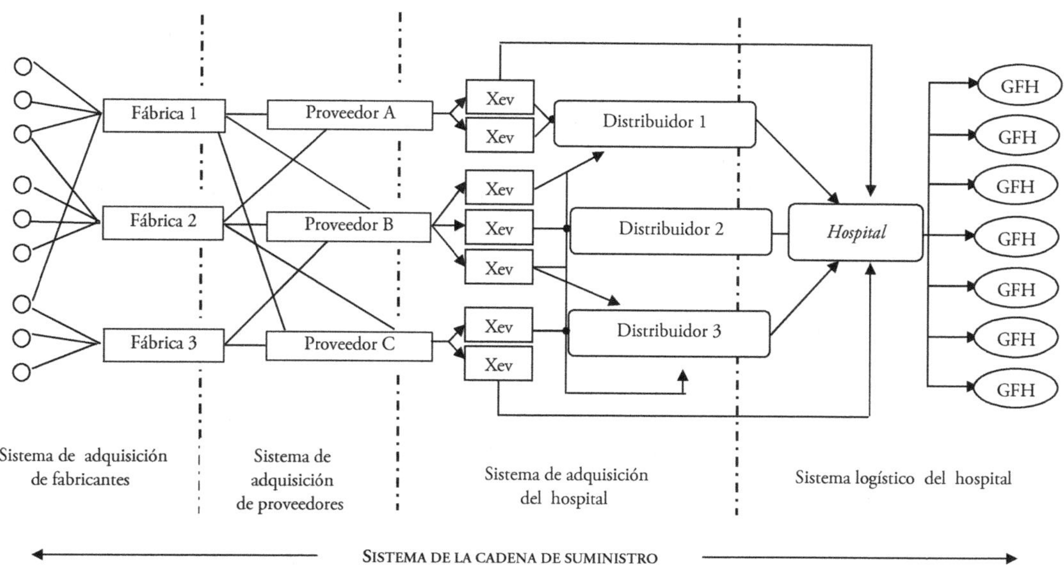

Figura 1.1. Cadena de suministro de un centro hospitalario.

2.3 La logística hospitalaria, un sistema abierto

Generalmente, el término *sistema* se utiliza en el sentido de *sistema total*. Los componentes necesarios para la operación de un sistema se denominan *subsistemas*, formados por la reunión de nuevos subsistemas más detallados. Así, tanto la jerarquía de los sistemas como el número de subsistemas dependen de la complejidad intrínseca del sistema total. Los sistemas pueden operar simultáneamente en serie o en paralelo. No hay sistemas fuera de un medio específico, un ambiente. Los sistemas existen en un medio y son condicionados por el medio ambiente, es decir, por todo lo que existe afuera, alrededor del mismo, y que ejerce alguna influencia sobre la operación de éste. Los límites o las fronteras definen qué es el sistema y cuál es el ambiente que lo envuelve.

Los sistemas pueden considerarse cerrados o abiertos, dependiendo de si se relacionan o no con el ambiente que les rodea, de manera que sean permeables o impermeables a cualquier interacción exterior.

Así, la logística hospitalaria en el marco de las actividades que hay que desarrollar en un centro sanitario puede considerarse como un sistema abierto compuesto por varios subsistemas:

— aprovisionamiento (adquisición de bienes y servicios),
— producción (recepción de mercancías, almacenaje, salida de envíos), y
— distribución (sistemas de aprovisionamiento y transporte interno).

Es un sistema adaptativo, pues para «sobrevivir» debe readaptarse constantemente a las condiciones del medio que le rodea, mediante un proceso continuo de aprendizaje y autoorganización.

Finalmente, entre las propiedades que caracterizan el sistema logístico de un hospital, hemos de considerar el nivel de adaptación permanente a los cambios, y en este sentido, un gran condicionante de su capacidad de adaptación y renovación proviene del hecho de estar inmerso en una estructura organizativa que requiere grandes cambios estructurales.

Del mismo modo, al considerar la segunda propiedad de un sistema abierto –la entropía–, vemos que el desgaste que sufre el sistema logístico hospitalario, debido a su propio funcionamiento, puede paliarse introduciendo recursos o procesos nuevos, adaptados del «macrosistema» total mediante técnicas y procesos de mejora que se aplican en otros sistemas contiguos, como puede ser en el sistema de compras o la logística de los proveedores. De este modo, podremos empezar a considerar la cadena de suministro hospitalaria como un todo e ir actuando en cada sistema para mejorar poco a poco toda la cadena.

Así lo vamos a esquematizar en los capítulos siguientes, sin profundizar más en la organización sistemática en la que podemos enmarcar el sistema logístico de un hospital.

3 Características del sector

Cuando se habla de la gestión logística aplicada a los hospitales aparecen siempre dos conceptos recurrentes:

- Los almacenes de planta (GFH) junto al papel del personal clínico en el proceso de aprovisionamiento.
- La integración de los proveedores en la cadena logística.

Los almacenes de planta sirven para que el personal de enfermería pueda almacenar una serie de productos de uso corriente que les permita desarrollar su actividad asistencial sin sobresaltos o problemas generados por falta de productos. La filosofía que impera en estos almacenes es «pedir para tener», por si acaso en el almacén se genera una rotura de *stock* que impida disponer de un material durante varios días o, incluso, semanas. Este «acaparamiento en planta» genera una falta de confianza en el sistema de suministro. Ello es debido, fundamentalmente, a la poca profesionalidad en el desarrollo de las tareas logísticas que se aprecia en la sanidad, a la falta de un horizonte creíble en las entregas desde los almacenes centrales y al seguimiento de la regla no escrita de que como «los pedidos no cuestan dinero», el personal que lo solicita prefiere «curarse en salud» y pedir más cantidad de la que realmente necesita.

Debido a este exceso de existencias, cuando en un hospital se implanta un servicio de suministro interno, basado en un control real de los consumos, la cantidad de material que se retira de las plantas y los servicios implicados en la nueva metodología alcanzan en la mayoría de los casos importes que triplican el valor de la mercancía que realmente deberían mantener.

Una mejora en el sistema de suministro a los distintos servicios del hospital, en un horizonte no superior a doce meses, logra estabilizar los consumos de material fungible sanitario, reducir en porcentajes del 30 % los niveles de producto almacenado en planta y disminuir el valor del inventario medio en el almacén central. A partir de este punto es cuando los departamentos de compras y suministros debieran dedicar sus esfuerzos a elaborar correctamente los análisis de necesidades de aprovisionamiento e intentar que sean los proveedores quienes, como ya se hace en los sectores de gran consumo, programen sus entregas y aseguren el suministro conociendo las necesidades que les marcan los centros hospitalarios.

Ésta es la tendencia que comienza a imperar en hospitales de todo el mundo, que permite establecer sistemas de demanda colaborativa entre el centro hospitalario y los proveedores, de manera que sean éstos quienes gestionen completamente su cadena logística desde sus plantas de producción hasta la entrega en los almacenes centrales. Incluso se puede permitir que la mercancía se encuentre en depósito y la propiedad se mantenga en el proveedor hasta que sea imputado su consumo a cada servicio asistencial, momento éste en el que se genera el gasto correspondiente.

Un sistema similar se prueba actualmente en el Hospital Vall d'Hebron de Barcelona para ciertos medicamentos del área de farmacia.

3.1 Las compras

Una de las características fundamentales de los sistemas de compras de los hospitales públicos viene marcada por la Ley de Contratos con las Administraciones Públicas (LCAP), que obliga a establecer unos procedimientos de compra tales que, al finalizar los períodos de adjudicación de material, al término de un ejercicio contable, las necesidades presupuestarias obligan a no lanzar órdenes de compra hasta que la nueva adjudicación esté vigente. Dado que este sistema afecta a todos los servicios de salud autonómicos, y que los proveedores están pendientes de obtener la adjudicación correspondiente, cuando ésta se hace efectiva, y sobre todo en casos de compras centralizadas, la capacidad de respuesta de los sistemas de producción de los proveedores se ve afectada de manera notable y se producen retrasos en las entregas del material solicitado. Las roturas de *stock* se ven así como algo inevitable por parte del personal clínico y así es asumido por los sistemas de aprovisionamiento. El alto número de referencias que maneja un hospital hace que este problema se multiplique.

Fax	60 %
Teléfono	25 %
EDI*	12 %
Internet	2 %
Correo postal	1 %

* EDI: siglas de *electronic data interchange* o intercambio electrónico de datos.

Tabla 1.1. Porcentajes y sistemas utilizados para tramitar pedidos.

Por otro lado, la transmisión de pedidos al proveedor se lleva a cabo, mayoritariamente, por medios tradicionales, como se ve en la tabla 1.1, con el consiguiente retraso en su tramitación.

3.2 El catálogo de productos

La falta de un catálogo unificado de productos para hospitales dependientes de una misma institución sanitaria conlleva que un mismo producto sea denominado diferentemente en cada hospital, comprado a precios distintos e, incluso, adquirido con denominaciones distintas en un mismo centro sanitario. En este ámbito se están llevando a cabo actuaciones significativas por parte de algunos sistemas de salud autonómicos como el Servicio Extremeño de Salud (SES), el Servicio de Salud de Castilla-La Mancha (Sescam), el Servicio Andaluz de Salud (SAS), el Servicio de Salud del Principado de Asturias (Sespa), el Servei Balear de Salut (IB-Salut), etc., en colaboración con proveedores de tecnologías de la información, como Saniline Aprovisionamientos Hospitalarios, que permitirán, entre otras cosas, comparar con datos normalizados los costes del sistema de logística entre sus propios hospitales.

De hecho, la concepción de un catálogo único que esté implantado dentro de un sistema autonómico de salud, o dentro de un grupo de hospitales con la misma dependencia, se presenta como una herramienta básica de soporte a la gestión, tanto de la contratación como del suministro. Este catálogo ofrecerá soluciones de alto valor añadido al departamento de compras y optimizará los procesos de negociación con los proveedores, al disponer de datos comparables en precio y cantidad para ajustar el plan de necesidades de cada hospital y resolver de manera efectiva los problemas de definición de productos.

A escala de los sistemas centrales, una solución de este tipo permitirá que los órganos de planificación económica de la Administración responsables de la salud manejen con unos criterios comunes los niveles de gasto de todos los centros dependientes (atención primaria y atención especializada), de manera que la comparación de datos permita establecer los ajustes necesarios en los presupuestos sanitarios de cada comunidad autónoma, y analizar las desviaciones de gasto de material comparando precios y productos en cada centro.

3.3   El aprovisionamiento

La mejora de los sistemas de aprovisionamiento interno debe proporcionar al departamento de compras información suficiente sobre los consumos y las necesidades de material, de tal manera que permita llevar a cabo un plan de necesidades acorde con los consumos reales que se han determinado para el hospital, obtenidos a partir de un sistema de gestión de la información alimentado con datos reales ajustados a la actividad de cada servicio.

Al igual que ocurre con muchas cadenas de distribución tradicionales, el sistema sanitario también sufre el problema «de la última milla». Tradicionalmente, se ha desatendido una parte de la cadena que es crítica, esto es, el movimiento de productos dentro del hospital, los últimos metros que van del almacén a la estantería del almacén de planta, punto de consumo del material por parte del cliente.

Es decir, la organización presta mucha atención al sistema de compras y se ocupa y preocupa de que los productos lleguen al hospital, pero se presta poca atención a las dificultades de distribución interna. Si además tenemos en cuenta que entre el 60 y el 70 % de los productos que no están disponibles en los puntos de consumo, tampoco lo están en el almacén, y puede que incluso ni siquiera hayan sido solicitados al proveedor, comprenderemos que el tratamiento de la información que debe alimentar al sistema de compras se ha de mejorar notablemente.

Y esta falta de información debida a motivos tan diversos como una mala gestión de existencias, falta de control de inventarios, mal proceso de aprovisionamiento, etc., crea una falta de confianza en el sistema interno de suministro que obliga a los responsables de los almacenes de planta a acumular material en sus almacenes. Ahora bien, si desde el departamento de compras-logística se logra ofrecer confianza al sistema de distribución interna, y convencer a los usuarios de que los productos que necesitan para su trabajo van a estar en el punto de consumo cuando se requieran, la cadena de suministro dejará de romperse por los eslabones más débiles a causa de estar desatendidos.

3.4   El sistema productivo

El funcionamiento del sistema logístico del hospital pivota sobre un almacén general que es el centro de las operaciones logísticas. La falta de medios, la obsolescencia de las instalaciones, la falta de personal cualificado y las necesidades de mejora que el sistema sanitario requiere, hacen necesaria su mejora.

A grandes rasgos, el sistema productivo se caracteriza por los siguientes parámetros, agrupados por los subsistemas de funcionamiento operativo que consideramos.

3.4.1 Sistema de admisión-entrada

El proceso es totalmente manual, ayudado en algunos casos por elementos mecánicos (carretillas, apiladoras, etc.) y se efectúa visualmente un control físico-documental de las entregas. El registro de las mismas, en función de si es mercancía almacenable o en tránsito, se hace por consulta del sistema de gestión del centro (en el almacén o en el departamento de suministros), y no existen prácticas de aviso de entregas ni de horarios de recepción.

3.4.2 Sistema de almacenaje

Fundamentalmente, está establecido un sistema de ubicaciones fijas y una agrupación de zonas por familias. No se suele tener en cuenta una organización ABC de los productos almacenados, y se impide, así, optimizar los espacios disponibles.

Los sistemas de preparación de pedidos son de «hombre a producto» –exceptuando algunos casos (La Paz, Vall d'Hebron, Clínico de Valencia y otros) que han implantado sistemas de «producto a hombre»– evidenciando una baja productividad y un alto índice de manipulación en unidades indivisibles de producto (71 % de las líneas de pedido).

3.4.3 Sistema de distribución

Los procesos de distribución del material que hay que aprovisionar se llevan a cabo de manera manual en la casi totalidad de los centros, mediante carretillas o contenedores--jaula de reparto consignadas por destino y con retorno de vacío, según una programación establecida de entregas por servicios.

3.4.4 Sistema de aprovisionamiento

Las necesidades de material que hay que suministrar a los almacenes de planta dependen fundamentalmente del personal clínico encargado de controlar los niveles de existencias. El sistema de pedidos se lleva a cabo mediante una demanda de necesidades en soporte papel al almacén general, donde se procesan y preparan las solicitudes de los servicios.

La automatización del sistema de aprovisionamientos alcanza a un escaso 20 % de los hospitales.

La tabla 1.2 muestra algunas características esenciales del almacén tipo de un centro sanitario estándar en España, atendiendo a sus equipamientos logísticos.

ADMISIONES/ENTRADAS	
Horarios	Sin establecer
Proceso manual	95 %
Aviso de entregas	Casi inexistente
Registro	Diferido

ALMACENAJE	
Catálogo de productos	20.000 SKU
En existencias	1.200 SKU
En almacén de planta	250 SKU
Espacio útil	1.000 m lineales
Sistema de ubicaciones	Fijo por referencia
Nivel de inventarios	38 días
RRHH directos	Un celador por cada 80 camas

TECNOLOGÍA		
Equipos de manutención (carretillas, transpalés…)	Reducida	
Preparación de pedidos	Manual en el 85 %	Hombre-producto
Informática	Muy limitada	
	Ordenador con conexión al sistema de gestión del centro	

APROVISIONAMIENTO/DISTRIBUCIÓN	
A demanda	80 %
Automatizado	20 %
Salidas	80 albaranes/día
Reparto manual	90 %

Tabla 1.2. Características de un almacén de un centro sanitario, atendiendo a sus equipamientos logísticos.

4 La Ley 13/1995 de 18 de mayo de Contratos con las Administraciones Públicas

La norma que regula el sistema de compras y adquisiciones de los sistemas sanitarios públicos se ha adecuado notablemente a los cambios experimentados en la economía y en la sociedad española de los últimos años, y se ha conseguido una simplificación de los procedimientos históricamente establecidos que ha facilitado los procesos de contratación. Esta norma estatal, que debe adaptarse a la propia regulación de la Unión Europea, en su intento de mejorar la publicidad de las licitaciones públicas, mediante el impulso de la utilización de medios electrónicos, informáticos y telemáticos que favorezcan la competitividad, ha introducido notables elementos de objetividad, transparencia y concurrencia en cuanto a la posibilidad de contratación. Sin embargo, adolece de un criterio único de aplicación, por cuanto tras las transferencias sanitarias a las distintas comunidades autónomas, cada sistema de salud está actuando como un Estado dentro del Estado, con una aplicación legal restrictiva en los procedimientos de compra. La legislación en vigor (Real Decreto Legislativo 2/2000 de 16 de junio, por el que se aprueba el texto refundido de la Ley de Contratos de las Administraciones Públicas (TRLCAP) y su decreto reglamentario, Real Decreto 1098/2001 de 12 de octubre, por el que se aprueba el Reglamento General de la Ley de Contratos de las Administraciones Públicas) introdujo importantes mejoras en los procedimientos de compras.

Sin embargo, en la práctica, una de las mayores dificultades con la que se encuentran los proveedores, a partir del traspaso de transferencias sanitarias, ha sido que la contratación, a pesar de estar basada en el actual TRLCAP, se ha hecho más engorrosa debido entre otros motivos a lo siguiente:

– Existe una amplia diversidad en los formatos de contratación.
– Existen codificaciones distintas de productos en cada sistema de salud.
– La forma de publicidad de los concursos es muy variada.

Cierto es que el Anteproyecto de Ley de Contratos del Sector Público, actualmente en tramitación parlamentaria, junto con la Directiva 2004/18 del Parlamento Europeo y del Consejo de Europa de 31 de marzo de 2004, sobre coordinación de los procedimientos de adjudicación en la contratación pública de obras, bienes y servicios, intenta concretar los aspectos referidos al proceso de publicación de concursos, descripción de productos y formatos de contratación. Por ello, entre las modificaciones llevadas a cabo, ha introducido algunos procedimientos de contratación (contratos de colaboración entre el sector público y el sector privado y contratos mixtos) e incrementa los procedimientos de adjudicación originalmente previstos en el TRLCAP (abierto, restringido, negociado) con las posibilidades del diálogo competitivo y el concurso de proyectos, manteniendo, a su vez, las advertencias sobre el uso del procedimiento negociado sin publicidad, ya que utilizarlo sin causa debidamente justificada no favorece la transparencia.

Por lo tanto, la revisión de la actual ley de contratación, en la que parece que se va a tratar con mucha mayor concreción los aspectos referidos al proceso de publicación de concursos, descripción de productos y formatos de contratación, va a introducir modificaciones sustanciales que permitan mejorar los procesos de adquisición de bienes y servicios a los hospitales públicos de toda España.

Capítulo 2

Los hospitales y la logística

La cesión de la gestión del sistema público de salud a las diversas comunidades autónomas, generalizada a partir del año 2002, hizo que las distintas consejerías de sanidad de los respectivos gobiernos iniciaran o impulsaran la implantación de estrategias de gestión más eficaces dirigidas a la mejora de los procesos de gestión económico-financiera, que se han hecho inevitables para poder mantener el sistema. El gran problema común de todo el sistema público de salud sigue siendo la financiación de los servicios. Incluso los órganos de gestión que ya tenían traspasadas las competencias en salud desde hace años, como el Institut Català de la Salut (ICS), el Servicio Vasco de Salud (Osakidetza), el Servicio Gallego de Salud (Sergas) y el Servicio Andaluz de Salud (SAS), observan cómo sus presupuestos no cubren el coste del sistema.

Los sistemas de compras (suministros, almacenes, inversiones, etc.), la facturación de servicios, los modelos analíticos de cada hospital, las políticas, los objetivos, los modelos de auditoría, etc., son aspectos fundamentales para el funcionamiento particular de cada centro sanitario y del sistema en general, que han motivado la puesta en marcha de iniciativas –en algunas comunidades autónomas desde hace ya tiempo– para dotar al sistema de herramientas informáticas que permitan controlar y analizar de manera fiable y coherente los factores de gasto de cada centro. Ello se ha traducido en el inicio de la implantación de los sistemas ERP,[1] SCM[2] y de control de la cadena de suministro.

Se empieza a considerar, además, la logística el instrumento más apto para ofrecer apoyo al desarrollo de la actividad sanitaria y a las necesidades del personal clínico, ga-

---

[1] Siglas de *enterprise resource planning* o sistema de gestión corporativa mediante paquetes informáticos modulares que permiten gestionar todos los procesos de una organización a través de toda su estructura, incluyendo la fabricación y sus asociados. *Diccionario de logística,* en www.logisnet.com, 2006.

[2] Siglas de *supply chain management* o gestión de la cadena de suministro. Gestión integrada de los diferentes procesos logísticos de una organización (compra de materiales, producción, almacenaje, distribución, etc.) y de sus interacciones con otras organizaciones que forman parte de su cadena de suministro. *Ibidem.*

rantizando la disponibilidad de los productos, prestando atención a la calidad de los mismos, a las existencias de los almacenes, etc. Cada órgano gestor toma conciencia de que los centros sanitarios consumen una gran cantidad de productos y servicios, y de que el personal de enfermería, el médico y el administrativo emplean en su actividad diaria muchos productos que, no siendo medicamentos o material sanitario, son también necesarios para el correcto funcionamiento del centro.

En definitiva, se empiezan a asentar las bases para mejorar la logística de la organización sanitaria, y para ello se comienzan a tener en cuenta los equipamientos en los almacenes generales, los sistemas de reparto interno, los niveles de existencias y otras necesidades operativas.

1   Una visión general de la logística hospitalaria

Desde hace unos años, los órganos gestores de los hospitales públicos han constatado que los servicios no ligados directamente a la actividad sanitaria (lavandería, alimentación, mantenimiento, logística y otros) permiten excelentes posibilidades de mejora, con una revisión de las prácticas operativas de los mismos, sin menguar en lo más mínimo la calidad del servicio clínico. Uno de estos servicios es la logística hospitalaria, dirigida a suministrar eficazmente los productos sanitarios y los fármacos necesarios para una correcta atención al paciente, el consumidor final.

Según Chow y Heaver (1994), el funcionamiento de un centro hospitalario puede esquematizarse en una serie de actividades centrales donde se agrupan todos los procesos internos que en él se llevan a cabo. La atención y cura del paciente no es más que la

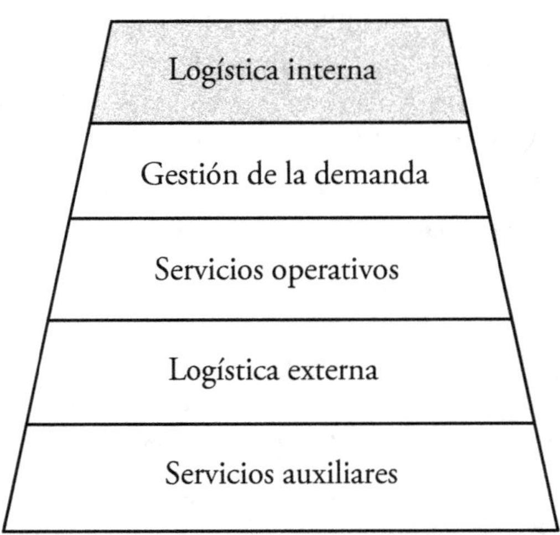

Figura 2.1. Principales actividades de un centro hospitalario.

actividad primaria. Así, los recursos humanos y materiales, las pruebas médicas (analíticas, radiografías, etc.) y los procesos clínicos (diagnósticos, intervenciones y medicación) sirven para atender la actividad principal del establecimiento. La correcta gestión de todas estas actividades permite ofrecer un buen servicio clínico al enfermo.

El esquema de la figura 2.1 indica las actividades básicas que se desarrollan en un hospital, cuya descripción es la siguiente:

- **Logística interna**
  Agrupa la actividad de compras, la recepción, el almacenaje y la distribución de los productos utilizados para los procesos internos del hospital. Es decir, lo que se denomina *logística hospitalaria.*

- **Gestión de la demanda**
  Consiste en el análisis, la planificación y la asignación de los recursos necesarios para adquirir los bienes y servicios.

- **Servicios operativos**
  Comprende los procesos y las actividades internas que dan soporte a la estancia del paciente en el hospital.

- **Logística externa**
  Está asociada a las actividades de seguimiento médico del paciente.

- **Servicios auxiliares**
  Agrupan otras actividades que se desarrollan dentro del centro hospitalario, como los servicios de restauración, las tiendas, los servicios religiosos y otros.

Aunque ninguna de ellas se pueda desligar de las otras, la logística interna ejerce un papel más significativo en el control de los procesos para encaminar el hospital a una mejora sustancial de los recursos asignados. La revisión de las prácticas operativas en los centros sanitarios para mejorar la explotación de estos recursos, aumentando su eficacia y eficiencia, debe permitir un mejor control de los costes, dirigido a asegurar la calidad de los servicios globales prestados al paciente.

2 La logística hospitalaria

En cuanto a instalaciones logísticas se refiere, la mayoría de los centros hospitalarios disponen de unas instalaciones obsoletas que han sido superadas ampliamente por la dinámica diaria y que no sirven para satisfacer sus necesidades, en cuanto a almacenamiento, recepción y distribución de materiales a los distintos puntos consumidores del hospital. Solemos encontrar almacenes generales situados en plantas de sótano, sin accesos a la calle, sin muelles o zonas de descarga previstas, con una altura útil insuficiente, con ausencia de los más mínimos elementos de manutención (transpalés o carretillas apiladoras), personal poco motivado, sistemas de gestión de pedidos que no funcionan correctamente, etc. En definitiva, se observa un panorama poco alentador, pero que a la vez permite efectuar mejoras tangibles que repercutan en toda la organización del sistema logístico.

Dentro de un centro sanitario, la logística no se relaciona únicamente con servicios de apoyo como el reparto, los almacenes, la farmacia o la distribución interna, sino que afecta de manera directa a los servicios prestados a los pacientes en planta, en consultas o en el bloque quirúrgico. De hecho, la mayoría de las actividades que debieran ser llevadas a cabo por personal subalterno, como los celadores, son asignadas a personal clínico con un alto grado de preparación o especialización en enfermería, de manera que en la práctica no se presta la debida atención a estas actividades y la cadena interna de suministro queda frecuentemente fragmentada.

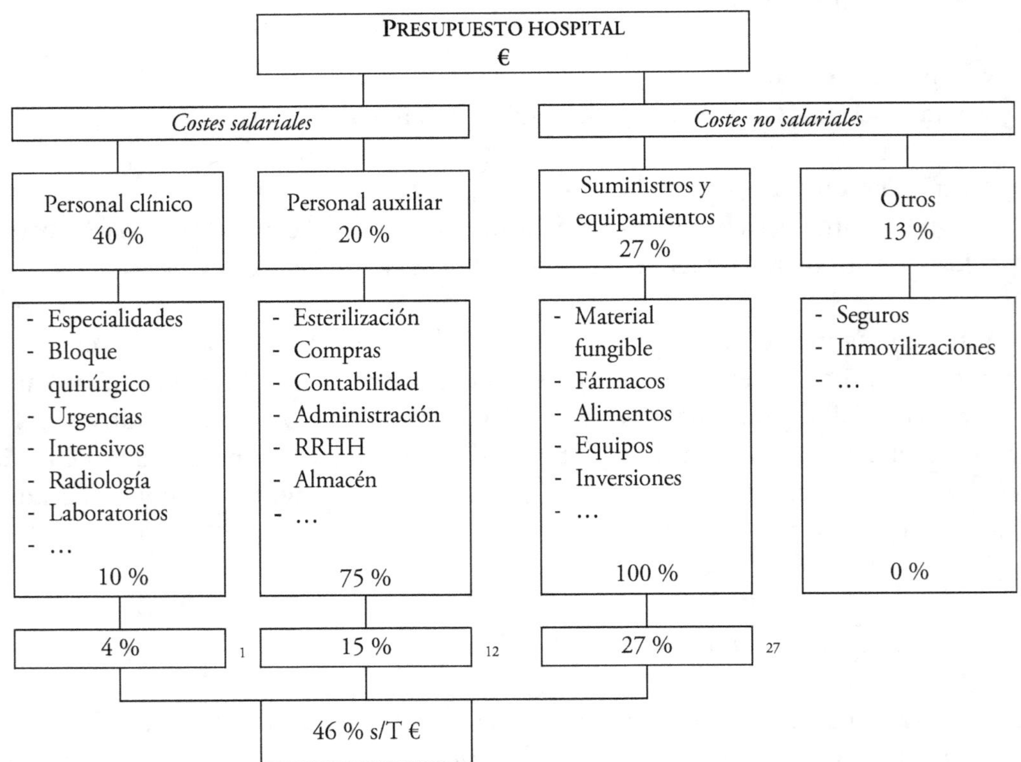

Figura 2.2. Impacto de la logística en la estructura de costes de un hospital (Chow y Heaver, 1994).

Como proceso mesurable y al que hasta ahora se ha prestado poca importancia, la logística interna representa una parte nada despreciable de los fondos operativos de un centro sanitario. Entre el 30 y el 45 % de los gastos presupuestarios de un hospital son utilizados en distintas actividades relacionadas con la logística, y de ellos más de la mitad de los costes asociados a los procesos de gestión de la cadena logística pueden ser eliminados, adoptando mejoras prácticas en los subprocesos.

La figura 2.2 permite observar cómo todo el sistema de actividades que se desarrollan en un centro sanitario tiene su implicación en los costes logísticos.

El tratamiento específico de cada uno de los procesos que influyen en los costes logísticos del hospital será tratado en los capítulos siguientes, considerando que queda ya enmarcada la importancia de todos ellos en el presupuesto total del centro sanitario. El desarrollo de estos puntos está basado habitualmente en los estudios de Chow y Heaver, en los cuales se identifican tres grandes actividades en la logística hospitalaria. No obstante, sin hacerlos caer en saco roto, hemos preferido apoyarnos en la teoría de sistemas descrita en el capítulo anterior y clasificar los procesos logísticos en tres grandes subsistemas: aprovisionamiento, producción y distribución.

Figura 2.3. Subsistemas logísticos de un hospital.

3 El sistema logístico

El sistema logístico de un hospital está formado por los puntos de producción, almacenamiento, transporte y tratamiento de la información que se generan en todo el circuito del centro. Todos estos elementos se deben interrelacionar con un único objetivo: satisfacer la demanda interna al menor coste posible y con la máxima calidad. Dicho de otro modo, han de dirigirse a satisfacer las necesidades del cliente –no olvidemos que es el propio personal sanitario– en unas condiciones pactadas: lugar, tiempo, frecuencias, cantidades y reclamaciones, entre otras.

Veamos cuáles son las funciones características de cada etapa o subproceso y las actividades que hay que desarrollar para gestionarlas de manera correcta.

- El subsistema de *aprovisionamiento* se encarga de las actividades relacionadas con la función de las compras, los pedidos, los inventarios, el almacenamiento, el transporte, la planificación de los productos y la gestión de la información. Comprende los procesos dirigidos a proporcionar al sistema productivo los materiales necesarios para su función.

- La logística de *producción* considera el almacenamiento intermedio de productos (almacén general y almacenes de planta), el sistema de preparación de pedidos, los equipos de manutención y los tecnológicos. Está enfocada a la optimización de los procesos de movimiento físico de materiales dentro de las instalaciones.

- Por último, el subsistema de *distribución* gestiona los productos desde que salen del almacén general hasta que llegan al punto de consumo. La finalidad es sincronizar desde el almacén la demanda de cada servicio con la producción, considerando para ello el transporte interno, las frecuencias de reparto y el sistema de distribución, para poder reducir los plazos de entrega y las existencias en almacén.

El conocimiento que cada uno de estos subsistemas conlleva y la aplicación de mejoras en su ejecución conducen hacia una situación en la cual el plan logístico interno del hospital se modifica, atendiendo a criterios logísticos de almacenaje, niveles de existencias, compras y control de inventarios.

Desde un punto de vista logístico, un hospital no es ni más ni menos que un centro productivo donde se generan multitud de procesos logísticos internos. Desde la propia planificación y ejecución de compras, hasta el diseño del sistema de distribución hacia el punto de consumo, todos los subprocesos que intervienen en la cadena logística intrahospitalaria deben ser planificados y ejecutados con rigor según el plan logístico que se diseñe.

En el *subsistema de aprovisionamiento,* la función de compras comprende la búsqueda y solicitud al proveedor de los materiales necesarios para el funcionamiento del centro; es decir, las materias primas de la planta productiva. Qué artículo pedir, en qué cantidad y cuándo hacerlo comporta la elaboración de un estudio previo de los consumos

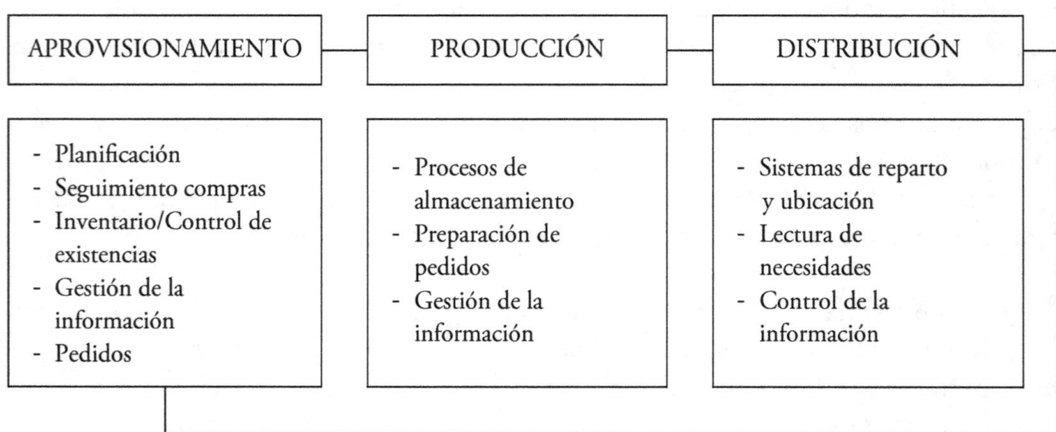

Figura 2.4. Esquema de los principales procesos logísticos desarrollados en cada subsistema.

individuales de cada producto, con el fin de efectuar una correcta previsión de las necesidades, junto con un estudio de los proveedores existentes. Una buena herramienta para llevar a cabo este plan de necesidades, muy utilizado en otros sectores, puede ser un programa informático de simulación SCM, que permite simular compras con distintos horizontes y cantidades, de manera que la planificación de entrada de material hacia el almacén general se haga correctamente. Hoy por hoy, son muy pocos los centros que elaboran un estudio riguroso de lo que en verdad necesitan, y fundamentan su planificación, básicamente, en los consumos históricos y el pseudoconocimiento de las necesidades futuras del hospital. La utilización de herramientas como las aplicaciones SCM, que sin ser costosas facilitan un gran conocimiento de las necesidades de suministro, permiten a la vez establecer unos niveles de existencias acordes con la actividad real del hospital, con la consiguiente liberalización de recursos económicos.

La valoración económica de todos los subprocesos que intervienen en el aprovisionamiento hace aflorar costes –factibles de ser reducidos– que normalmente el órgano gestor desconoce y que, por lo tanto, no ha tenido la oportunidad de valorar. Entre otros, existen los siguientes:

- Costes de adquisición.
- Costes de lanzamiento de pedido.
- Costes de almacenamiento.
- Costes de rotura de *stocks*.

El siguiente escalón lo conforman los procesos correspondientes al *subsistema de producción,* siendo el más importante el sistema de preparación de pedidos. Aquí se tienen en cuenta la selección y la recogida de los productos en sus ubicaciones, así como su consolidación para el envío y reparto a los puntos de consumo. El período empleado en este subproceso afecta directamente al «tiempo de respuesta» que se da a una solicitud por parte de un cliente. Exceptuando aquellos hospitales en los que se han instalado clasificadores automáticos del tipo carrusel horizontal (Vall d'Hebron, Hospital Clínico de Valencia, Hospital Universitario La Paz, entre otros), la práctica totalidad de almacenes hospitalarios no dispone de ningún tipo de automatización en la preparación de pedidos.

Sin embargo, es sabido que las mejoras en este proceso, que no aporta valor al producto y que incorpora un coste, permiten obtener resultados a corto plazo.

Básicamente, el modelo más habitual es un *sistema uno-uno,* en el que el operario recibe un pedido y se desplaza por el almacén recorriendo las distintas ubicaciones hasta completarlo. Se tienen en cuenta las faltas de producto que se anotan en el albarán de pedido para ser corregidas en el sistema.

En este punto, la valoración de costes asociados a los procesos se refiere fundamentalmente a costes de personal, pero también hay que considerar los siguientes:

– Costes de personal.
– Gastos de almacén: limpieza, mantenimiento, reparaciones.
– Costes de suministros: agua, electricidad, gas.
– Costes asociados a almacén: seguro, vigilancia.

Finalmente, el tercer paso que hay que considerar corresponde al *sistema de distribución*, es decir, la forma en la que los pedidos preparados llegan al cliente –la planta–, el modo en que éstos se colocan y cómo se recogen las nuevas necesidades de suministro, que se harán llegar al sistema de aprovisionamiento donde se incorporarán al sistema informático y se pasarán a producción. Se tiene en cuenta aquí la definición y elección del sistema de reparto y el control de la información asociada.

Capítulo 3

El hospital, ente logístico

1 Estructura funcional

Desde una perspectiva logística, un centro hospitalario posee una estructura funcional definida de acuerdo con el esquema que se representa en la figura 3.1.

La unidad de gestión económica (UGE), dependiente de la gerencia del centro, es la encargada de controlar y gestionar todos los procesos de compra de bienes y servicios que se necesitan para el funcionamiento del hospital. Los departamentos que se encargan directamente de la gestión de compras de material fungible y fármacos establecen

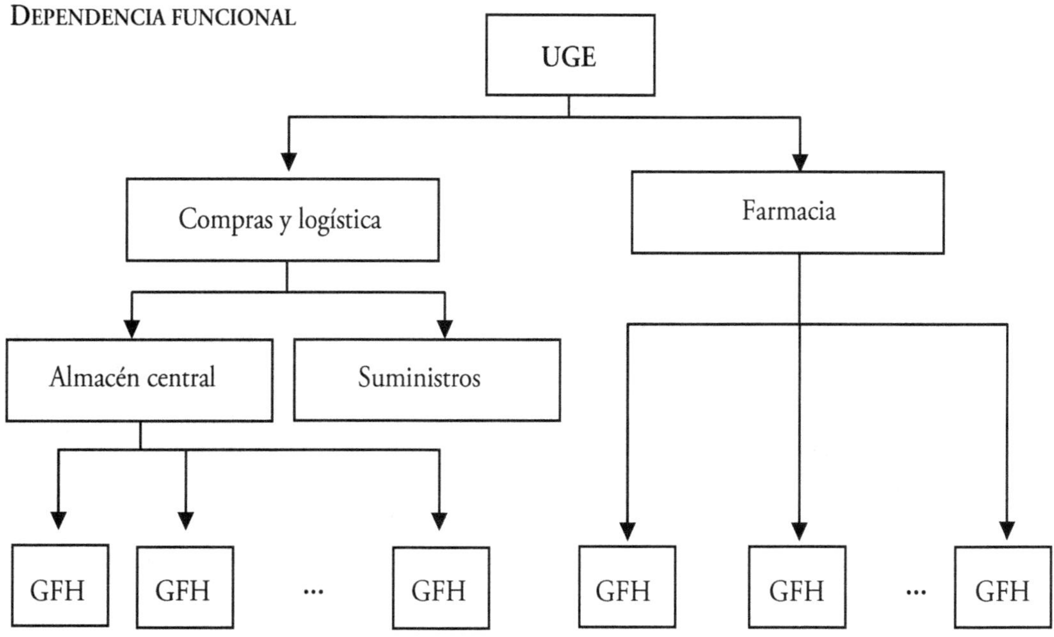

Figura 3.1. Estructura funcional de la logística de un centro hospitalario.

los sistemas de suministro de material a los centros peticionarios, y éstos consumen los productos en función de las necesidades de cada unidad.

Actualmente, en el conjunto de los centros hospitalarios del sistema público de salud español, se pueden destacar tres tipos diferentes de organización de los departamentos de compras y suministros:

- El sistema unitario.
- El sistema dúplex.
- El sistema múltiple.

1.1 El sistema unitario

En este sistema, un único servicio de compras-suministros, integrado en la dirección económico-financiera del centro, se encarga de gestionar todas las compras de necesidades del centro hospitalario. Se organiza en dos unidades «independientes»: el almacén general y la sección de compras.

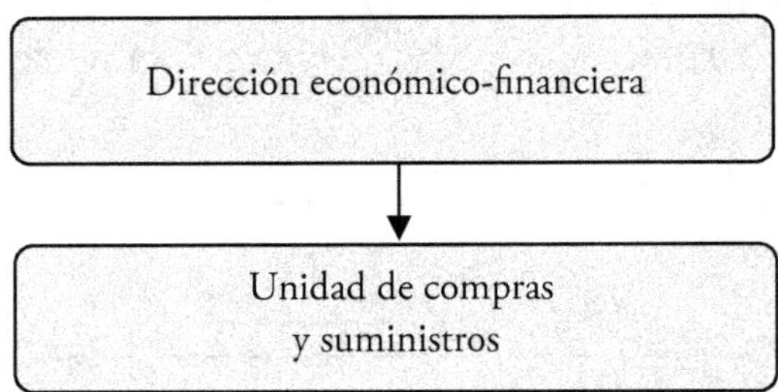

Figura 3.2. Estructura básica de compras, según un sistema unitario.

El almacén general maneja la gestión física de los productos una vez que se ha emitido la orden de compra al proveedor: recepción física de la mercancía, almacenaje, control de existencias, preparación de pedidos y reparto a las unidades o a los centros peticionarios.

La unidad de compras se ocupa del trato con los proveedores y de toda la dinámica que ello conlleva: concursos-contratos, órdenes de compra, programación de pedidos, validación de facturas, etc.; así como de la definición de los parámetros de los productos que se utilizan en el hospital: compras directas, productos almacenables, existencias de seguridad, punto de pedido, etc.

1.2 El sistema dúplex

El segundo modelo utilizado es un avance respecto al anterior, puesto que comporta una especialización parcial de las compras. El servicio de farmacia lleva a cabo la tarea de comprar, almacenar y dispensar los medicamentos, los productos sujetos a la legislación farmacéutica (fármacos, sueros, líquidos de diálisis, suturas, etc.) y algún material médico, que pueden suponer un 30 % del volumen de compras del hospital.

Ambos departamentos mantienen una estructura similar a la ya descrita, con personal administrativo destinado a gestionar las compras y personal productivo destinado a gestionar el flujo físico de los materiales desde los almacenes correspondientes.

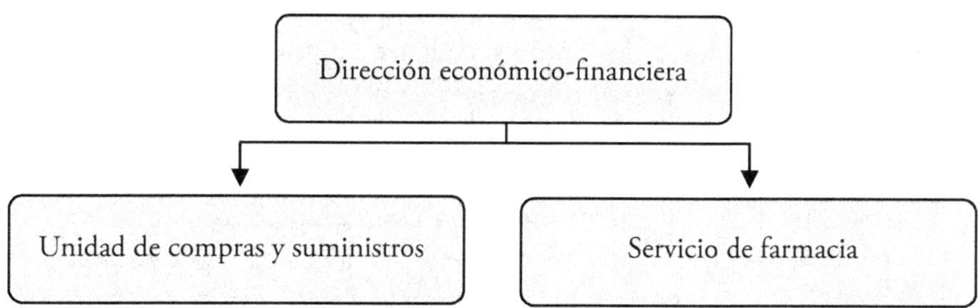

Figura 3.3. Estructura ampliada de compras, según un sistema dúplex.

1.3 El sistema múltiple

Una tercera estructura, la más habitual, tiene en cuenta que, debido a las características propias de ciertos productos o departamentos, la compra de los materiales necesarios para su funcionamiento la organice el propio departamento. Así, por ejemplo, las compras de material para electromedicina, mantenimiento o medicina nuclear se organizan y gestionan en departamentos propios, los cuales dotan de agilidad al sistema y permiten justificar su existencia fundamentándose en un mejor nivel de servicio.

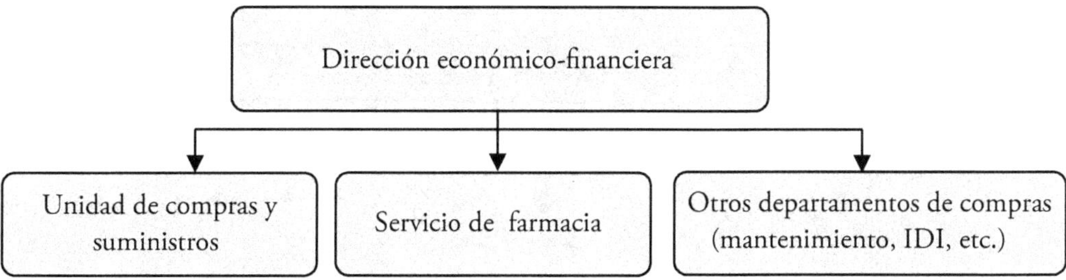

Figura 3.4. Estructura múltiple y especializada.

2 Organización

La figura 3.5 muestra los flujos de información y de materiales que se dan en los procesos logísticos internos entre los distintos departamentos de un centro hospitalario.

El esquema representa las relaciones a partir de las cuales se sustenta operativamente el sistema logístico de un hospital, en lo que respecta a la entrada de productos adquiridos para cualesquiera de sus departamentos. El movimiento físico de las mercancías se organiza sobre dos pivotes: el *almacén general* y la *unidad de compras-suministros;* y entre ellos se establece el principal flujo de información interna, por cuanto los procesos de entrada y recepción han de informarse en el menor tiempo posible para actualizar los datos del sistema de gestión del centro.

La planificación de las necesidades del hospital se lleva a cabo habitualmente sobre la base de los datos de consumos de los años precedentes, aumentando o disminuyendo las previsiones de consumo de ciertos productos por indicación del personal clínico. Este sistema, realizado durante muchos años por personal «históricamente experto», empieza a dotarse de herramientas que permiten conocer las necesidades de compra partiendo de una base más técnica. De este modo, se han empezado a implantar en los sistemas de gestión financiera los módulos correspondientes a las compras, los almacenes y la logística que permiten a los departamentos correspondientes un control presupuestario más ajustado a las necesidades

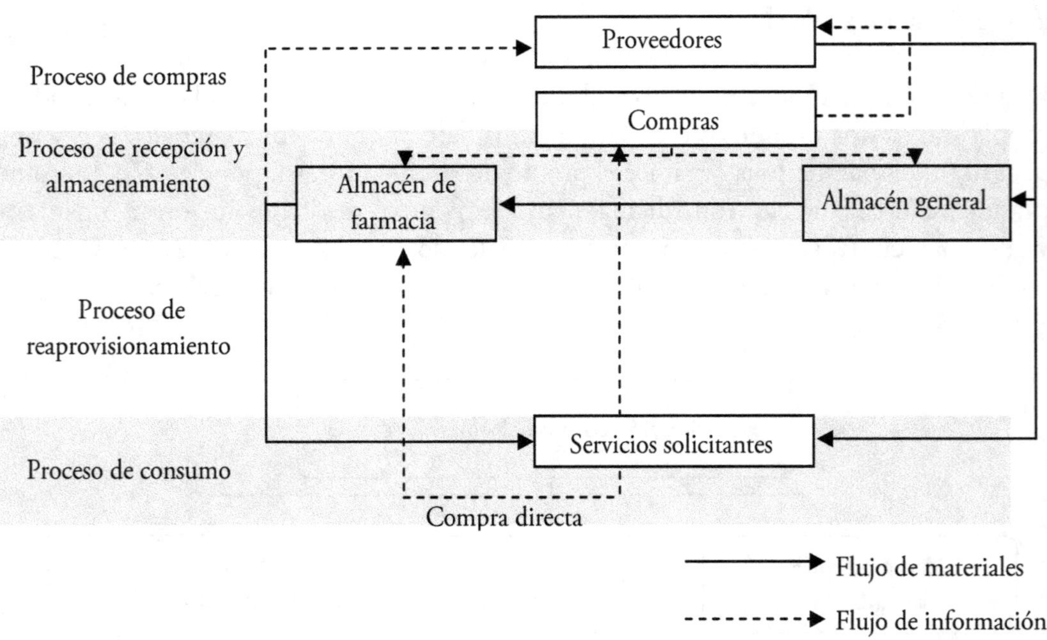

Figura 3.5. Flujos de información y de materiales en un hospital.

El *almacén general,* a caballo entre la producción y el aprovisionamiento, donde se recepciona por regla general el 90 % de los productos que entran en el hospital, desde el material fungible sanitario, hasta los reactivos de laboratorio, fármacos, material de oficina, etc., es el centro neurálgico de la actividad física de la mercancía, el lugar donde se almacenan, se manipulan y reexpiden todos los envíos internos del centro. Sin embargo, pese a su importancia, lo más habitual es que los almacenes no estén dotados de los medios más adecuados para desarrollar la actividad encomendada: falta mano de obra cualificada y elementos básicos de manutención, y, además, las instalaciones están obsoletas.

Con este panorama, no es fácil reorganizar el sistema logístico de un centro hospitalario; tanto más si, como ya sabemos, estas decisiones suelen atender a estrategias del sistema de salud autonómico correspondiente o de la organización a la cual pertenezca el centro en particular. Pero, lo que sí es importante es que *el propio hospital tome conciencia y se prepare para una reorganización «global» de su cadena de suministro y sistema de compras,* atendiendo a una mejora interna de los modos de trabajar. Basándonos en nuestra experiencia, podemos enfocar los siguientes puntos, desde lo más cercano al cliente hasta los procesos más alejados:

- Los almacenes de planta.
- El sistema de suministro interno.
- El almacén general.
- El sistema de comunicación interno para el proceso de compras.

Desde este punto de vista, vamos a intentar explicar los pasos que hay que seguir en un estudio de los procesos dirigido hacia un cambio del sistema logístico y de suministro interno, «desde dentro hacia fuera».

3 Los almacenes de planta

Los almacenes de planta son el punto directo de consumo de producto sanitario por parte del personal clínico. Físicamente, podemos definirlos como espacios cerrados situados en cada planta o GFH, en los que se guardan los productos solicitados al almacén general. Habitualmente, están dotados de estanterías para pequeñas cargas, en las que los productos se disponen a criterio del personal de enfermería responsable de la unidad: por orden alfabético, por familia o mediante algún otro sistema.

La operativa de aprovisionamiento suele estar basada en procesos de suministro tradicional, llevados a cabo por personal clínico que «pide para tener», sin preocuparse concienzudamente de pedir conforme a sus necesidades. La falta de tiempo para tareas que nada reportan a la actividad clínica origina que el criterio que se siga sea intentar evitar

Situación de origen	Acuerdo inicial		Revisión		
Existencia real (€)	*Importe inicial (€)*	*Reducción inicial*	*Reducción final*	*Disminución materiales en existencias (€)*	*Importe final (€)*
7.308,60	6.740,85	8 %	14 %	1.039,82	6.268,78

Tabla 3.1. Evolución del importe de una plantilla de GFH con un sistema de reaprovisionamiento continuo.

la falta de un producto, lo cual origina una acumulación de material que acaba caducando en muchos casos.

La tabla 3.1 muestra un cuadro en el que se indica el valor de los productos almacenados en un almacén de planta, antes y después de producirse un cambio en los sistemas de reparto.

En la tabla, las existencias reales indican el valor inventariado de los productos almacenados antes del proceso. El importe inicial es el valor de las existencias que hay que mantener para cubrir el consumo en un período estipulado, en tanto que el importe final indica el valor definitivo que se asignó a este servicio tras unos meses de mejora en los procesos de aprovisionamiento.

4 El sistema de suministro

La forma más habitual de suministrar el material fungible sanitario a los almacenes de planta, y al resto de los centros consumidores de un centro hospitalario, consiste en que el personal de enfermería (supervisoras/es), haga llegar a la unidad de suministros o al almacén un listado de los productos necesarios para cubrir el consumo de la unidad en un cierto espacio de tiempo. Este período puede variar desde un par de días hasta un mes, dependiendo de la tipología de los productos.

De esta manera, para efectuar un pedido, la supervisora revisa físicamente su almacén de planta y detecta las faltas de producto; lo más habitual es que se ayude de una plantilla predefinida con los materiales que se consumen en su servicio.

Con este funcionamiento, las supervisoras del personal de enfermería tienen que dedicar gran parte de su tiempo a revisar los niveles de producto del almacén de planta y prever las necesidades basándose en la actividad –programada o no– prevista en el servicio. Un tiempo que se deja de dedicar a su función principal, que es dirigir y coordinar la actividad de la planta. En segundo lugar, el flujo de información desde que la supervisora hace el pedido hasta que éste llega al almacén se demora en el tiempo, pudiéndose tardar, en el mejor de los casos, de dos a tres días en servir aquello que se había solicitado. Esto tiene una consecuencia primordial, lógica y poco logística, ya que debido a la falta de confianza en el sistema de suministro interno se pide para «tener», por

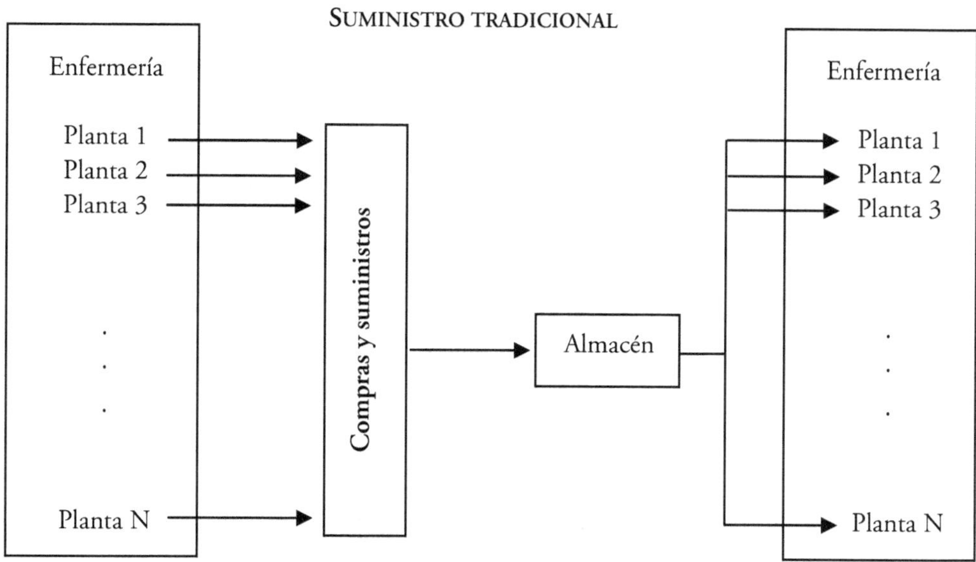

Figura 3.6. Estructura del sistema de suministro habitual en un centro hospitalario público.

si acaso. Finalmente, cumplido el circuito de solicitud de material hacia el almacén general y preparado y entregado el pedido en el servicio, es el personal clínico (auxiliares de enfermería) quien se encarga de colocarlo en las estanterías del almacén, lo que les obliga a ocupar parte de su tiempo en labores que nada tienen que ver con su función profesional.

5 El almacén general

Dentro de la organización logística, una de las funciones primordiales es el control y la custodia de los materiales que el hospital adquiere, almacena y distribuye. Controlar los niveles de existencias de producto almacenado es un punto fundamental de ahorro de costes, dentro de la estrategia de mejora del sistema logístico del hospital, que no sólo abarca los niveles de producto almacenados en cada planta. Es absolutamente necesario que la importancia de las existencias almacenadas en todo el sistema tenga el peso que le corresponde en las decisiones del órgano gestor del hospital. La cantidad de producto que se da como consumido y que se almacena habitualmente en un almacén de planta es un factor de gasto que debe reducirse de manera considerable con cambios en la gestión y en los procesos operativos que se desarrollan en el centro sanitario. Esta reducción influye decisivamente en el nivel de existencias del almacén general.

Una mejora de los procesos de aprovisionamiento y las prácticas operativas aplicadas al control de existencias influirá notablemente en el descenso del material almacenado,

Tamaño del centro hospitalario	Valor de las existencias almacenadas
0 - 49 camas	95.147,00 €
50 - 99 camas	145.987,00 €
100 - 199 camas	196.171,00 €
200 - 299 camas	346.126,00 €
300 - 399 camas	451.250,50 €
400 - 499 camas	653.400,00 €
Más de 500 camas	1.021.469,00 €

Tabla 3.2. Valor de las existencias medias, según el tamaño del hospital.

aumentará el número de rotaciones y liberará importantes recursos económicos que podrán comprometerse con otras partidas presupuestarias.

La tabla 3.2 muestra la importancia económica de las existencias almacenadas en un centro sanitario dependiendo de su tamaño.

Podemos afirmar que un cambio en las prácticas operativas del sistema de aprovisionamiento puede reducir de manera considerable las existencias de un centro sanitario. En el Hospital Juan XXIII de Tarragona, con la implantación de un servicio de reposición continua basado en pactos de consumo, se logró en 14 meses reducir las existencias en planta en un 20,3 % de media, se aumentó el control de los productos almacenados y se logró un incremento del número de rotaciones. El ahorro económico logrado sobre las existencias medias en el almacén general alcanzó el 22 %.

6 El sistema de información interno

Uno de los mayores impedimentos que existen en la gestión de los almacenes de los hospitales consiste en la inexistencia de herramientas que permitan al personal de logística gestionar de manera adecuada los flujos de información y de mercancía que se llevan a cabo en los almacenes centrales.

La desaparición del Insalud ha permitido que cada comunidad autónoma gestione su sistema de salud de acuerdo con las políticas que se determinan en cada lugar, siendo el criterio dominante la provisión de herramientas informáticas que permitan a las consejerías tener a su alcance toda la información posible referida a parámetros de gestión financiera, de recursos y presupuestaria de los hospitales y centros sanitarios dependientes de ellas. Estas herramientas, que permiten a la organización la gestión y el control de sus operaciones y transacciones, son los llamados ERP (siglas de *enterprise resource planning* o sistema de gestión corporativa) y, básicamente, permiten controlar la organización en vertical.

Ahora bien, los procesos transaccionales de compra generan de manera natural un flujo de mercancía en la cadena logística de forma horizontal, que es necesario controlar y planificar. Es aquí donde se debe tener en cuenta la obtención de una aplicación informática que permita al almacén general, como epicentro del sistema logístico del hospital, tener bajo control todos los procesos que intervienen en el manejo de los productos adquiridos: la entrada de mercancía, el almacenaje, la salida y la expedición. Estas herramientas son los sistemas de gestión de almacenes (SGA), los cuales proporcionan las funcionalidades necesarias para identificar, registrar y validar la mercancía recibida, organizar las ubicaciones y el control de niveles de mercancía y gestionar todos los procesos de la cadena de distribución, preparación de pedidos y expedición.

Hasta hace poco tiempo, el almacén de una empresa no dejaba de ser un «mal necesario», un recurso inevitable que generaba una serie de gastos difíciles de determinar y que se costeaban de la mejor manera posible. Hoy ha pasado a ser un punto estratégico en la cadena de suministro de muchas organizaciones, en el que se pueden producir pérdidas o beneficios según se desarrollen adecuadamente las operaciones logísticas implicadas. También en los sistemas hospitalarios ocurre algo similar. En muchos órganos de gestión todavía se piensa que el almacén es un seguro en el que mantienen el material adquirido sin costes añadidos, por considerar que unas existencias elevadas no repercuten en la cuenta de resultados del centro. Quienes así opinan no tienen en cuenta que, además del capital inmovilizado en los productos adquiridos, el coste de mantenerlos disponibles genera una serie de costes asociados que no se suelen valorar, como son los costes relacionados con la adquisición y el almacenamiento. Una buena gestión de las existencias comprende, pues, el conjunto de decisiones y operaciones dirigidas a minimizar los costes asociados y la herramienta que debe utilizarse es un aplicativo informático que permita optimizar todos los procesos de funcionamiento del almacén: entrada y salida de mercancías, preparación de pedidos y control de existencias.

Capítulo 4

Sistemas de suministro interno

La necesidad de mejorar el proceso de suministro interno debe conducir a un cambio en la filosofía del servicio prestado desde el almacén. Este cambio implica que el personal clínico deja de pedir para tener y sólo se le suministra lo que necesita para su actividad.

A pesar de que una mejora en los procesos de reaprovisionamiento interno y de los recursos que se destinen puede permitir un considerable ahorro en el presupuesto del hospital, cada uno de los sistemas descritos tiene sus ventajas e inconvenientes. Por ello, el órgano gestor debe decidir qué tipo de modelo quiere implantar, puesto que el funcionamiento de cada modelo puede influir en el resultado de todas las actividades de reaprovisionamiento en términos de nivel de servicio, costes operativos y de satisfacción del usuario final.[1]

Ya hemos visto cómo el almacén general, como dispensador de la mayoría del material sanitario consumido por las plantas, las consultas y por el resto de unidades peticionarias, forma parte de la estructura básica de compras del centro hospitalario. Es uno de los dos pivotes sobre los que se apoya la organización de las compras.

La distribución de material fungible sanitario dentro del recinto hospitalario y demás centros asociados (áreas básicas, sociosanitarios, CAP, etc.) se lleva a cabo de la forma más habitual, sobre la base de un pacto de consumo definido por el personal de enfermería y aprobado por la dirección económico-financiera.

Este pacto toma en consideración los consumos históricos de cada servicio y relaciona los productos consumidos en un período determinado: semanalmente o quincenalmente, por ejemplo; de manera que la responsable de cada servicio acuerda con la unidad de suministros unas cantidades que hay que reponer desde el almacén en unos períodos acordados.

Los sistemas de aprovisionamiento interno que vamos a considerar son los que, según nuestro criterio, funcionan mejor en los centros hospitalarios, todos ellos basados en el concepto «justo a tiempo» (*just in time* o JIT).

---

[1] Blouin, 2000.

Este concepto fue desarrollado por primera vez por el fabricante de automóviles Toyota para cubrir la cadena de suministro de sus plantas productivas, pero con el tiempo se ha constatado que es mucho más que un sistema de producción. Lo podemos también considerar un sistema de inventarios, en el que la meta es eliminar, esto es, reducir al máximo cualquier sobrexistencia que encarezca el proceso productivo. Los beneficios del sistema son que en la mayoría de los casos, y de manera particularmente notable en el sector hospitalario, se consiguen importantes reducciones en las existencias; reducciones que, fundamentalmente, se logran por una mejora, no tanto en los métodos de compra sino en los procesos operativos de la producción.

El «justo a tiempo» aplicado al sector hospitalario abarca así, de manera concreta, los procesos productivos internos, desde el almacén central hasta los almacenes de planta, entendidos estos últimos como centros de consumo, de manera que los niveles de inventario en ellos se reduzcan al máximo. Esto, a su vez, hará que las existencias del almacén general desciendan y se ajusten a la actividad real del centro, de modo que desde el departamento de compras se puedan planificar los pedidos a los proveedores mediante la elaboración de un buena planificación de la demanda, es decir, un plan de necesidades basado en datos reales que han sido analizados en profundidad. Esta información, en su caso, puede servir para iniciar un proceso de implantación de reaprovisionamiento continuo desde el inicio de la cadena logística, esto es, desde la planta productiva del proveedor.

1 Modos de reaprovisionamiento

Tanto en los sistemas sanitarios europeos como en los de Estados Unidos y Canadá se han desarrollado tres modos distintos de reaprovisionar las unidades de planta y sus almacenes desde el almacén general del hospital, pudiendo éste estar situado dentro o fuera de las instalaciones del centro sanitario.

Para poder comparar las excelencias y las desventajas de cada proceso vamos a descomponer la actividad de reaprovisionamiento en cuatro subprocesos básicos:

- **El pedido**
  Según el modo de reaprovisionamiento, obviando el método tradicional, comprende las tareas de inventariar el almacén de planta, identificar los productos y las cantidades que hay que pedir y traspasar esta información al almacén general.

- **La preparación**
  Este subproceso comprende la manipulación de los productos en almacén y la preparación de los pedidos según las necesidades detectadas.

- **El transporte**

  Corresponde fundamentalmente a la entrega de los pedidos preparados a cada almacén de planta y la vuelta del medio de transporte al almacén general.

- **La ubicación**

  El cuarto proceso se asocia a la colocación ordenada de los productos entregados en cada almacén de planta en las ubicaciones determinadas para cada uno de ellos, dependiendo de los sistemas de almacenaje existentes.

Estas definiciones[2] permitirán comparar las distintas modalidades de reaprovisionamiento y ver las implicaciones de cada una de ellas.

La importancia de los sistemas basados en el reaprovisionamiento continuo[3] aconsejan llevar a cabo una más amplia descripción operativa del proceso, que se incluye en los apartados correspondientes.

2　El sistema de pedido (demanda tradicional)

El sistema en el que el personal del almacén de planta efectúa un pedido para asegurarse el abastecimiento es una práctica común en todo el sistema hospitalario. La responsabilidad de mantener el nivel de producto necesario para cubrir el consumo previsto recae en el solicitante –habitualmente, en la persona responsable de la supervisión–, de manera que el recuento físico de los productos más una previsión del consumo en función de la actividad prevista permitirá asegurar la disponibilidad del producto entre dos peticiones. La relación de necesidades se envía al personal de almacén que se encarga de la preparación del pedido y del suministro a la unidad peticionaria.

Este sistema es económicamente barato y no necesita mucha tecnología, pero conlleva muchas ineficiencias.

La principal razón de ello es que los encargados de llevar a cabo el recuento físico y el pedido son personal de enfermería, con poco tiempo para efectuar un correcto control de las existencias en los almacenes asignados. Esto origina que el personal «se cure en salud» y pida para acumular, para intentar evitar las temidas roturas de existencias.

Esta acumulación de producto es un hecho constatable en multitud de establecimientos sanitarios que utilizan este sistema de aprovisionamiento, el cual genera adicionalmente un considerable número de peticiones a almacén por «olvidos» de material.

La tabla 4.1 presenta una descripción de las actividades que conlleva el sistema y atribuye las responsabilidades de cada proceso al personal que lo lleva a cabo.

---

[2] Blouin, 2000.
[3] Landry y Beaulieu, 2000.

Actividad	Responsabilidad	Lugar
Inventario de necesidades	Personal clínico	GFH
Redacción del pedido	Personal clínico	GFH
Transmisión de los datos	Personal clínico	GFH
Preparación del pedido	Personal logístico	Almacén
Transporte	Personal logístico	GFH
Recolocación del material en las estanterías	Personal clínico	GFH

Tabla 4.1. Actividades que se deben desarrollar en un sistema de pedido tradicional.

3 Carros intercambiables

Este método de aprovisionamiento, muy de moda en hospitales norteamericanos en la década de 1960, presenta numerosas ventajas para el sistema de compras, elimina la responsabilidad del personal clínico en la gestión de existencias y mejora el sistema de aprovisionamiento tradicional.

El sistema funciona de la siguiente manera. Los productos que se consumen regularmente en un GFH se colocan en cantidad suficiente en un carrito móvil que se deja en el almacén de la planta correspondiente. Según una frecuencia preestablecida, cada carro es reemplazado por otro similar que contiene el máximo de cada producto asignado para el GFH. El primer carro se traslada al almacén para ser inventariado y se repone al máximo, dejándolo disponible para un nuevo ciclo.

La tabla 4.2 presenta una descripción de las actividades que comprende el sistema y atribuye las responsabilidades de cada proceso al personal que lo lleva a cabo.

El sistema mejora el proceso de reaprovisionamiento, ya que significa una descarga para el personal clínico respecto a funciones no asistenciales, a la vez que limita el número de faltas de producto en planta. Esto último sólo ocurrirá cuando la rotura también se produzca en el almacén central. Sin embargo, el sistema adolece de flexibilidad y presenta resultados insatisfactorios al implantarlo.

Actividad	Responsabilidad	Lugar
Entrega de un carro al GFH	Personal logístico	GFH
Recogida del carro usado	Personal logístico	GFH
Inventario del carro usado	Personal logístico	Almacén
Preparación del pedido	Personal logístico	Almacén
Abastecimiento del carro	Personal logístico	Almacén

Tabla 4.2. Actividades que se deben desarrollar en un sistema de pedido por intercambio de carros.

Resulta evidente que el número de desplazamientos para cubrir el sistema aumenta de manera considerable, puesto que cada almacén de planta necesita un sistema de «ida y vuelta» exclusivo, lo que limita la optimización de los recursos humanos, además de duplicar las existencias por planta al tener dos carros operativos, y limita también la tipología de productos por razones de tamaño o peso.

4 El aprovisionamiento por nivel o sistema de reposición continua (SRC)

El aprovisionamiento por nivel (SRC) vuelve a apoyarse en la realización del pedido de material pero con notables mejoras. En este caso, el personal de logística efectúa un recuento mediante la lectura de los códigos de barras de los niveles de producto en cada almacén de planta e introduce los datos en un lector portátil. Los datos son traspasados al sistema de gestión del hospital y en el almacén se preparan los pedidos que se generan a partir de la información recogida. Los pedidos se trasladan a su destino y se colocan en unas ubicaciones predeterminadas sobre estanterías o cajoneras *ad hoc*.

Es indudable que las ventajas que ofrece el proceso comienzan por desligar al personal clínico del control del almacén de planta y de las necesidades de aprovisionamiento, puesto que todo el proceso se centraliza en el almacén y se controla mediante lecturas de códigos de barras sobre etiquetas aplicadas en la ubicación física. El sistema de transporte se optimiza y disminuye el tráfico interior del hospital.

Además, al estar basado en técnicas de aprovisionamiento continuo o justo a tiempo, el flujo de información que se genera hacia el sistema de gestión del hospital permite avanzar de manera notable hacia una rebaja de las existencias almacenadas en el almacén general.

La principal desventaja del sistema es la necesidad de reorganizar físicamente el almacén de planta antes de llevarlo a la práctica, lo que en algunos casos puede entrañar una cierta dificultad en la operativa diaria de la unidad, además de que el inventario de los productos debe hacerse cada vez que se revisa el almacén.

Actividad	*Responsabilidad*	*Lugar*
Inventario y lectura del código de barras	Personal logístico	GFH
Transmisión de los datos	Personal logístico	GFH o almacén
Preparación del pedido	Personal logístico	Almacén
Transporte	Personal logístico	GFH
Recolocación del material en las estanterías	Personal logístico	GFH

Tabla 4.3. Actividades que se deben desarrollar en un sistema de pedido SRC.

La tabla 4.3 presenta las actividades y los procesos operativos que se desarrollan mediante el sistema descrito.

4.1 Descripción operativa

El sistema parte de un análisis en profundidad de los consumos históricos del material consumido por cada planta o servicio.

Partiendo de los datos matemáticos obtenidos del sistema informático, se prepara una plantilla personalizada para cada planta atendiendo a los datos obtenidos del modelo matemático y considerando la unidad de envase, las frecuencias de reposición, la unidad mínima de pedido y cualquier otro parámetro que pueda intervenir en la decisión de incluir o no un producto en el SRC.

Esta plantilla ha de ser revisada y aprobada por el personal de enfermería de cada planta, pudiendo modificar a su criterio cuantos productos, cantidades o frecuencias desee antes de implantar el sistema. Una plantilla aprobada puede ser modificada a lo largo del tiempo tantas veces como se desee y al menos ha de hacerse una vez al año de manera particular para cada unidad de consumo. En cada plantilla figurarán aquellos

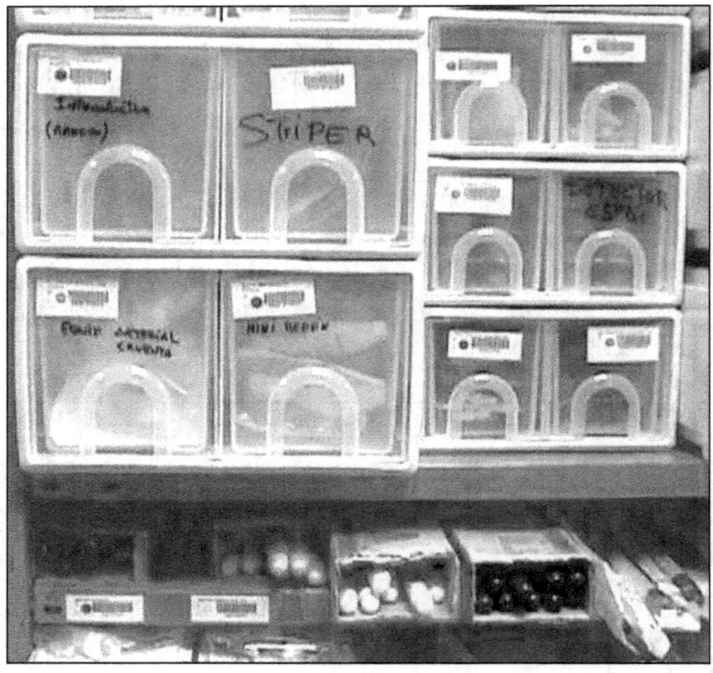

Figura 4.1. Organización de un almacén de planta mediante reposición continua.

Figura 4.2. Lectura de necesidades en un almacén de planta.

productos que van a ser objeto de «reposición continua» desde el almacén general, en función de los consumos generados por la actividad de cada planta. La reorganización de cada almacén de planta debe llevarse a cabo siguiendo un criterio común para todos, a fin de normalizar al máximo la distribución física de los productos. De esta manera, a cada producto se le asigna un hueco en las estanterías del almacén de planta y se etiqueta sobre la estantería con código de barras.

El proceso de reposición se lleva a cabo siguiendo las frecuencias pactadas para cada tipología de producto y consiste en que el operario del almacén recuente las unidades existentes de cada producto e introduzca en el lector óptico dichas cantidades. Una vez cubierto el ciclo diario de recogida de necesidades, se descargan los datos en el programa informático del almacén y éste se encarga de calcular las necesidades de producto que se deben reponer en cada servicio.

De este modo, desde el almacén se preparan los pedidos obtenidos y se entregan en cada planta.

Pedido de reposición = cantidad pactada − cantidad existente

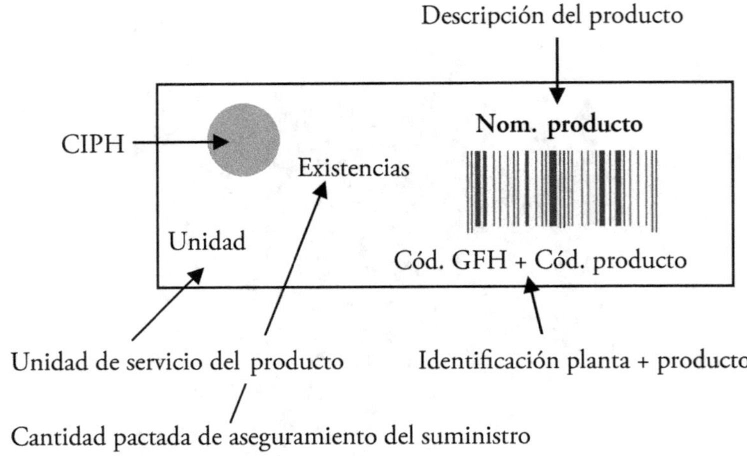

Figura 4.3. Etiqueta de identificación de producto por ubicación en SRC.

5 El aprovisionamiento por doble cajón

El sistema del doble cajón o del «lleno-vacío» está muy extendido en los hospitales europeos que aplican la gestión del aprovisionamiento continuo y utilizan el control por código de barras. A cada producto que consume un almacén de planta, identificado por una etiqueta con un código de barras, se le asigna una ubicación física dividida en dos apartados iguales. En cada apartado se coloca la misma cantidad de producto, la cual debe permitir cubrir el consumo en un período predeterminado. Cuando uno de los apartados está vacío, el personal clínico mueve la etiqueta hacia un lugar determinado, donde será leída por el personal de logística. Las lecturas efectuadas se descargan en el sistema informático y se preparan los pedidos correspondientes en el almacén general. El transporte se lleva a cabo hacia cada almacén de planta colocando los productos en el «cajón» vacío y devolviendo la etiqueta a su lugar.

La tabla 4.4 muestra las responsabilidades operativas de cada proceso considerado en el sistema de reaprovisionamiento.

Las principales ventajas del sistema son que no se requiere llevar a cabo un inventario de los niveles de producto en cada almacén de planta, reduciéndose hasta un 50 % el tiempo empleado para la recogida de necesidades de aprovisionamiento del hospital.[4]

Como contrapunto, el *coste de la implantación* es un factor que se debe tener en cuenta por el órgano gestor.

---

[4] Gerber, 1999; Catholic Medical Centre of Brooklyn & Queens of New York.

Actividad	*Responsabilidad*	*Lugar*
Colocación de la etiqueta en el rail de lectura.	Personal clínico	GFH
Lectura de la etiqueta	Personal logístico	GFH
Transmisión de los datos	Personal logístico	GFH o almacén
Preparación del pedido	Personal logístico	Almacén
Transporte	Personal logístico	GFH
Recolocación del material	Personal logístico	GFH
Recolocación de la etiqueta en la ubicación activa	Personal logístico	GFH

Tabla 4.4. Actividades que se deben desarrollar en un sistema de pedido por doble cajón (kanban).

5.1 Descripción operativa

Respecto a cada planta-servicio se efectúa un estudio en profundidad de los consumos históricos de material, teniendo en cuenta las frecuencias de reposición de cada producto, las unidades consumidas, las características físicas (tamaño, peso, volumen, etc.), y se diseña una plantilla en la que se plasman los parámetros que van a tenerse en cuenta para determinar las cantidades que hay que mantener de cada producto en cada uno de los almacenes de planta. Consideraremos dos ubicaciones físicas (el doble cajón) para almacenar las unidades pactadas de cada tipo de material.

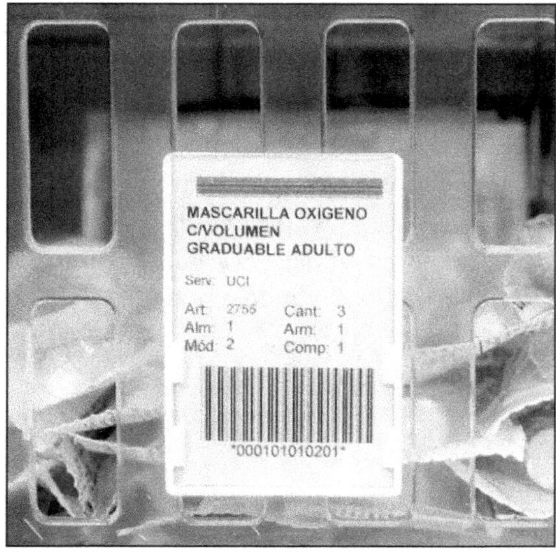

Figura 4.4. Modelo de etiqueta removible en un sistema de doble cajón.

*Figura 4.5. Organización de un almacén de planta quirúrgico con un sistema
modular de doble cajón (fotografía cedida por Stanley Healthcare).*

En uno de ellos, se coloca una etiqueta removible –el *kankan*–, que servirá para indicar que el producto del cajón en el que esté se ha terminado.

El personal sanitario que recoja la última unidad de un cajón, sólo tiene que tomar la etiqueta y colocarla en un soporte *ad hoc* que hay en el almacén de planta. De esta manera, cuando el operario de almacén hace el recuento de necesidades leerá únicamente las etiquetas colgadas en los soportes y se genera un pedido de los productos que han acabado sus existencias en uno de los cajones. El segundo compartimento mantendrá las existencias necesarias para cubrir el período de reposición pactado.

Gráficamente, lo podemos ver en la imagen de la figura 4.5.

6 Implicaciones

La mejora en la gestión de los subprocesos relacionados con el aprovisionamiento interno a los almacenes de planta de un centro sanitario debe efectuarse sin olvidar las relaciones que se establecen entre el nivel de prestaciones ofrecido por el servicio de suministro –calidad–, el coste de las existencias que se deben mantener en los almacenes de planta y el coste del servicio que se desea implantar.

Los sistemas de reaprovisionamiento continuo, para estar bien gestionados, requieren un buen estudio previo de las existencias que se debe mantener para cada producto y almacén de planta, y una buena definición de las frecuencias de reposición. Las decisiones que se han de tomar por parte del órgano gestor del hospital, deben tener en cuenta el coste y el nivel de servicio que se desea dar al cliente, esto es, el personal asistencial.

Figura 4.6. Modelo de planificación tradicional del suministro en un hospital.

Figura 4.7. Aspecto habitual de organización en un almacén de planta.

Estudios recientes (Blouin, Beaulieu y Landry, 2001) sobre los sistemas de aprovisionamiento en países de nuestro entorno permiten valorar las implicaciones operativas sobre los parámetros de gestión que se deben tener en cuenta al acometer un cambio en la organización logística. La propuesta más acorde con el sistema hospitalario español consiste en llevar a cabo un estudio comparativo de las ventajas y desventajas de cada sistema descrito, con el fin de poder valorar las implicaciones de cada uno en el conjunto de la gestión logística hospitalaria.

Concretamos así tres objetos de estudio:

– La necesidad de integrar la cadena interna de aprovisionamiento en el proceso logístico global.
– Explicar la función del aprovisionamiento.
– Revisar las actividades ligadas a la gestión de los parámetros de mejora operativa.

Estos tres puntos determinan la concepción que se tiene de la organización logística en cada centro hospitalario:

• Una logística clásica que se preocupa exclusivamente por los flujos de información y los materiales permitiendo que el clínico pueda desarrollar su actividad asistencial al disponer en cada lugar y momento oportunos de los materiales necesarios para su actividad.

• O bien una logística de servicio, basada en el control de la reacción de sus acciones y que se dirige, además de a gestionar los flujos, a estudiar y solucionar problemas de demanda, optimización de recursos y gestión de los tiempos de respuesta a las necesidades de aprovisionamiento.

Conceptualmente, podemos decir entonces que la práctica logística correcta se basa en la gestión dentro del hospital de la función de los flujos físicos, del reparto de las tareas logísticas y la dirección de las tareas de coordinación, y que por tanto, el coordinador del modelo logístico debe visualizar todos los procesos para poder gestionarlos adecuadamente.

Capítulo 5

La cadena logística intrahospitalaria

Los indicadores del funcionamiento del servicio de logística se han convertido en una herramienta indispensable dentro de cualquier organización que decida afrontar una mejora de la calidad de sus servicios o procesos y, al mismo tiempo, reducir los costes.

En este capítulo trataremos de ofrecer una visión de la situación de la cadena de aprovisionamiento de un centro sanitario atendiendo a tres parámetros: el económico, el del grado de satisfacción del cliente y el de las diferentes prácticas operativas; además, ofreceremos una perspectiva de los pasos necesarios que hay que seguir para una correcta decisión ante la posibilidad de externalizar la gestión logística del hospital.

1 La gestión de la cadena interna

La cadena logística hospitalaria comprende, como ya hemos visto, las actividades que se desarrollan en el hospital desde que se lanza la orden de compra, y que atienden al movimiento de materiales. Se caracteriza por llevar a cabo actividades análogas a las de cualquier modelo logístico tradicional: las compras, la recepción, el almacenaje y la distribución; todo ello puede llevarse a cabo en las propias instalaciones del hospital o en instalaciones externas. Considerando el conjunto de las distintas actividades, es lógico pensar que la responsabilidad sobre los productos almacenados dependa funcionalmente, a su vez, de distintas personas.

En ese marco, la integración de los procesos operativos, que se tienen que llevar a cabo en el área de logística, debe hacerse de manera coordinada con los distintos ámbitos que intervienen en el proceso (el almacén, los suministros y la enfermería), de manera que se optimicen al máximo los flujos de información y de movimiento físico de materiales. En un hospital, dicha integración debería estar focalizada –tal y como marca la tendencia imperante en el sector– en la gestión del servicio de aprovisionamiento, puesto que presenta grandes ventajas operativas:

– Libera al personal clínico de tareas no asistenciales.
– Mejora el control de las existencias en planta.
– Reduce las fluctuaciones de la demanda interna.
– Mejora la utilización de recursos en el almacén central.
– Mejora la planificación de la demanda.
– Actualiza el catálogo de productos almacenables y no almacenables.

Podemos añadir que esta integración de las prácticas internas permite al órgano gestor obtener una visión global de las tareas logísticas.

Los métodos de reaprovisionamiento descritos en capítulos anteriores permiten establecer una categorización de los mismos atendiendo a la dependencia funcional de los subprocesos; así, podemos decir que el sistema que genera la demanda puede considerarse una gestión descentralizada, puesto que es el personal del GFH el que decide cuáles son las necesidades de aprovisionamiento, mientras que en los otros casos esta gestión es centralizada, ya que es el propio personal de logística el que controla todo el proceso.

La necesidad del centro sanitario de integrar la gestión de todos los procesos a lo largo de la cadena debe hacer que el departamento de compras pase a ser una pieza clave en la estrategia financiera del hospital. Actualmente, la gestión de las compras y los procesos de aprovisionamiento son dos piezas clave en las relaciones con todos los procesos logísticos internos. La necesaria reducción de existencias a lo largo de todos los eslabones de la cadena depende de que se lleve a cabo una buena planificación de las necesidades, y ello sólo es posible si se conocen con precisión las necesidades de consumo de los servicios asistenciales. La dirección de las compras y la logística deben estar perfectamente estructuradas para poder ver globalmente los beneficios que se pueden conseguir, ya que una buena planificación según las necesidades detectadas realmente reduce de manera considerable el coste del aprovisionamiento; una optimización de los procesos de suministro permite incrementar la productividad, reducir los tiempos de respuesta y minimizar las roturas de *stock*. En definitiva, abaratar los costes totales.

Ahora bien, la sola atención a los procesos operativos únicamente permite definir si la gestión de la cadena interna es centralizada (desde el almacén) o descentralizada (si interviene la enfermería). El órgano gestor debe decidir, además, si la implantación y mejora del aprovisionamiento debe contar con los departamentos intermedios, como los de suministros, almacén o GFH, o deben ser tomadas directamente por la UGE.

2 El modelo logístico como decisión estratégica

El aprovisionamiento como parte de la cadena logística debe ser un *mix* en las decisiones de diseño que conlleva la elección de un método de aprovisionamiento. Una buena

Costes	Recursos humanos	Productividad
92.271,98	7	100,00 %
71.760,85	3*	131,78 %

* Sólo se considera personal de la empresa externa.

Tabla 5.1. Costes de un modelo de gestión propia versus *un modelo externalizado.*

opción es elegir un aprovisionamiento centralizado en el servicio de logística, que permita abaratar los costes y lograr la eficiencia del proceso, pero dejando en manos del personal clínico del GFH la decisión de «qué pedir», «cuánto pedir» y «cuándo pedirlo».

Es decir, una vez decidido el sistema de reaprovisionamiento que hay que implantar, deben tomarse algunas decisiones significativas en el ámbito del diseño del sistema. Decisiones que van a afectar de manera fundamental al buen o al mal funcionamiento del método elegido. Si se ha optado por una centralización del aprovisionamiento mediante un método de suministro continuo, desligando al personal clínico de labores no asistenciales, es lógico deducir que el diseño de los pactos de consumo que se deban establecer para cada GFH no sean responsabilidad del personal de enfermería de cada servicio. Esto debe centralizarse en el área de logística.

Del mismo modo, debe valorarse si la necesidad de aumentar la eficacia de los procesos logísticos y la reducción de los costes ligados a la actividad de suministros, han de conducir hacia la externalización del servicio de almacén y todas sus actividades. De hecho, esta práctica (muy extendida en los países occidentales con sistemas de salud similares al español) permite la concentración de los recursos sanitarios en aquellas áreas que forman el núcleo central de la actividad del hospital, mientras delega una actividad no asistencial, que requiere una fuerte profesionalización del personal y de los procesos, en un operador externo.

El coste de pasar de un sistema tradicional de pedidos a un sistema SRC podemos verlo en la tabla 5.1, donde se valoran ambos modelos y la productividad antes y después de la implantación de este sistema en un hospital.

3 Prácticas operativas

La aplicación práctica de los métodos de aprovisionamiento descritos queda así estructurada en tres grandes bloques:

- Flujo de materiales (qué pedir).
- Definición de las plantillas de aprovisionamiento (cuánto pedir).
- Control del sistema y ajustes de la demanda (cuándo pedirlo).

GFH_ARTI	codH	IdAlma	Código	Producto	frecuencia	UxC	UServicio	Stoptimo	Stmax	familia	Inventario	Precio	Importe MAX
0420000001	00001	0420	000001	ALCOHOL 70° 1000 ML	S	1	U	7	7	6D08A		188,55	1.320
0420000002	00002	0420	000002	ALCOHOL 96° DE 1000 ML	S	1	U	4	4	6V05A		212,181	849
0420000039	00039	0420	000039	FORMALDEHID DILUIT TAMPONAT 3,7-4%	S	1	U	2	2	50302		2977	5.954
0420000068	00068	0420	000068	ACETONA DE 1000CC	M	1	U	1	1	50302		490	490
0420001074	01074	0420	001074	HIALURONAT SODIC FACO 16MG./ML. 1X0,8 ML	S	1	U	0	0	34301		7500	0
0420001076	01076	0420	001076	BIOLON 1 ML, HIALURONAT SODIC 1 %	S	1	U	0	0	34301		5400	0
0420002001	02001	0420	002001	GASA DE 13-14 FIL, 20X40 PLEGADA 10X10	Q	1250	C	1	1	30302		2125	2.125
0420002002	02002	0420	002002	GASA QUIRURGICA 25X40 18 FILS BOSSA DE 10 UN	S	10	C	260	265	30302		45,5	11.830
0420002003	02003	0420	002003	GASA QUIRURGICA DE 60X40 PLEGADA 20X10	S	5	C	650	655	30302		51,62	33.553
0420002007	02007	0420	002007	CONTENIDOR PLASTIC P/XERINGUE I AGULLA, 2 L	S	1	U	28	28	14009		122	3.416
0420002008	02008	0420	002008	CIRCUIT PER ANESTESIA AMB BALO REF."ANESTESI"	M	1	U	20	20	37004		599	11.980
0420002009	02009	0420	002009	TUB COARRUGAT D'UN METRE DE LLARG C/30 MT	M	30	C	1	1	37003		1870	1.870
0420002010	02010	0420	002010	CIRCUIT PER A RESPIRADOR ADVENT-2100	M	1	U	2	2	37004		4000	8.000
0420002012	02012	0420	002012	CONTENIDOR PLASTIC P/XERIN. I AGULLES 7 LITRS	S	1	U	3	3	14009		226	678
0420002013	02013	0420	002013	ESTALVI DE LLIT DE 60 X 40 CM	M	1	U	60	65	30305		14,25	855
0420004011	04011	0420	004011	SONDA FOLEY CILINDRICA DE SILICONA NUM.6	M	1	U	5	5	36004		1096	5.480
0420004012	04012	0420	004012	SONDA FOLEY CILINDRICA REF.0165PV08 CH-8	M	1	U	5	5	36004		213	1.065
0420004013	04013	0420	004013	SONDA FOLEY CILINDRICA REF.124516 N° 16	S	1	U	40	40	36004		69,9	2.796
0420004014	04014	0420	004014	SONDA FOLEY CILINDRICA REF. 124520 N.20	M	1	U	5	5	36004		75	375
0420004022	04022	0420	004022	SONDA D'ORINA DONA N.14	M	1	U	25	25	36009		16,2	405
0420004024	04024	0420	004024	SONDA FOLEY CILINDRICA NUM 18 DE SILICONA	M	1	U	5	5	36004		901	4.505
0420004025	04025	0420	004025	SONDA FOLEY CILINDRICA NUM 20 DE SILICONA	M	1	U	5	5	36004		901	4.505
0420004026	04026	0420	004026	SONDA FOLEY CILINDRICA REF.0165PV10 - CH-10	M	1	U	5	5	36004		213	1.065
0420004031	04031	0420	004031	SONDA FOLEY TIEMAN REF.9816-02 N. 16	M	1	U	5	5	36005		189	945
0420004032	04032	0420	004032	SONDA FOLEY TIEMANN REF 9818-02, N. 18	M	1	U	5	5	36005		189	945
0420004040	04040	0420	004040	SONDA FOLEY CILINDRICA REF.124512 N.12	M	1	U	5	5	36004		69,9	350

Tabla 5.2. Ejemplo de plantilla de material petitorio.

El proceso de implantación debe comenzar con una toma de los datos históricos de consumos de cada almacén de planta en un período considerado (normalmente, los doce meses anteriores). El análisis pormenorizado de estos datos, junto con el conocimiento de los materiales, permitirá elaborar unas plantillas de consumo que contendrán una propuesta de aprovisionamiento basada en un algoritmo matemático que debe mostrar los siguientes datos:

– Catálogo logístico de productos que se debe aprovisionar.
– Código del almacén de planta.
– Frecuencia propuesta de aprovisionamiento para cada producto.
– Unidad mínima de servicio para cada producto.
– Cantidad máxima de reaprovisionamiento.

En la tabla 5.2 se muestra una plantilla-tipo utilizada para definir el servicio de aprovisionamiento de un servicio hospitalario.

A esta plantilla, cuyo diseño y aplicación podría depender exclusivamente de la UGE, como órgano coordinador del servicio de logística, es recomendable añadir un intangible que denominamos «sensibilidad hospitalaria».

Esto consiste, ni más ni menos, en definir el «qué pedir» y ceder la revisión de la plantilla obtenida al personal clínico responsable del GFH (supervisor o supervisora), con el fin de que ajuste las cantidades y los productos que realmente desea mantener dentro del sistema de reposición, «cuánto pedir», así como las frecuencias de aprovisionamiento para cada uno de los productos, es decir, «cuándo pedirlo».

Una vez revisada la plantilla y cargada en el sistema de gestión de aprovisionamiento, se puede comenzar a implantar operativamente el nuevo sistema, según los siguientes pasos:

- Reorganización física del almacén de planta.
- Reubicación y reasignación de espacios.
- Gestión de las devoluciones.
- Ejecución del primer ciclo de aprovisionamiento: lectura, preparación, transporte y ubicación.
- Control de consumos.

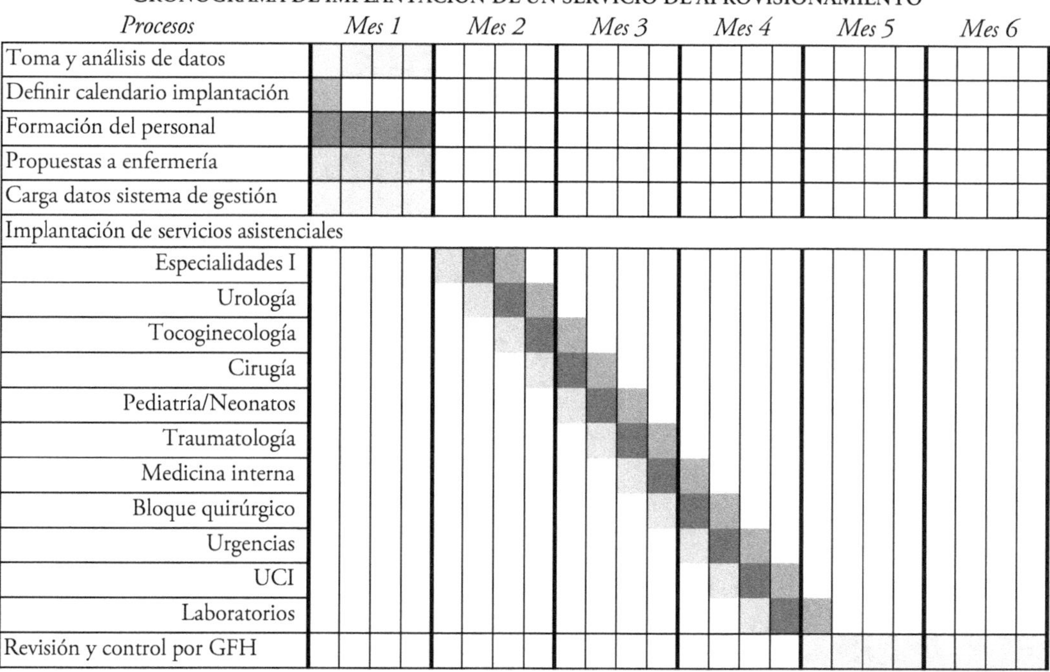

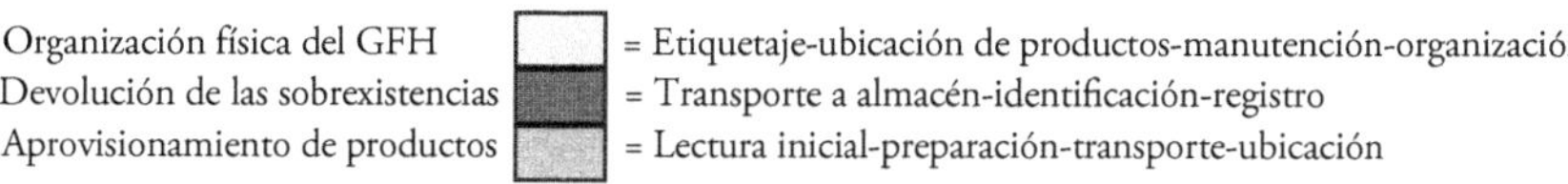

Figura 5.1. Cronograma de implantación de un modelo SRC. Hospital general periférico, 250 camas, Institut Català de la Salut.

Estas decisiones deben ser tomadas por personal experto, con capacidad de análisis y conocimiento del sector sanitario, pero ajeno a la estructura administrativa del hospital, o bien por personal interno del centro sanitario, profundamente conocedor del material y los recursos existentes. Ello permitirá desarrollar un esquema operativo como el indicado en la figura 5.1, en el que se muestra el cronograma de los procesos que hay que desarrollar para implantar uno de los métodos de aprovisionamiento especificados.

Capítulo 6

Benchmarking

El término inglés *benchmarking* tiene su origen en los agrimensores, «medidores del campo»; *bench-mark* significa literalmente «punto de medida» y el término completo puede traducirse de forma más general como «estudio de rendimiento» o «referencia competitiva».

El concepto, aunque amplio, intenta describir el estudio de los procesos con los que una empresa puede compararse con otras de su entorno, para mejorar su propia dinámica y rendimiento. Es, por lo tanto, una herramienta de decisión estratégica que permite afrontar los cambios necesarios con mayor garantía, por cuanto una organización estará comparándose con el propio sector en el que está funcionando.

Hacer *benchmarking* no es ni más ni menos que utilizar una herramienta que aliente un cambio en el funcionamiento de una estructura empresarial, por comparación con los mejores y aprendiendo de su «buen hacer».

El *benchmarking* es, en definitiva, un proceso de mejora que nos permite comparar las prácticas utilizadas en otras organizaciones sanitarias con las nuestras, para determinar los posibles puntos de mejora. Esta herramienta de gestión permitirá conocer y medir las actividades problemáticas de cada proceso estudiado, y, si es el caso, acometer las posibilidades de mejora que se ofrecen.

1 *Benchmarking* en la logística hospitalaria

Para efectuar un análisis comparativo de la logística hospitalaria hace falta medir el rendimiento de los procesos de cada uno de los flujos de materiales e información. El sector sanitario se caracteriza por poseer un nivel de tecnologías de la información relativamente bajo en función de los servicios que soporta. En España, a principios del siglo XXI, no hemos podido encontrar ningún hospital con un sistema integrado que permita la extracción de información de gestión elaborada. Ni tan siquiera dentro de un mismo sistema autonómico de salud. De hecho, la información disponible no tiene siquiera un formato normalizado, lo que complica la recogida y el análisis de los datos. Teniendo en cuenta estas limitaciones, no sería posible establecer una comparación basada únicamente en los resultados. Es necesario, por lo tanto, utilizar una comparación entre procesos, es decir, entre «la forma de trabajar de cada uno» mediante datos comparables.

Ya hemos visto cómo dentro de un centro sanitario el almacén general debe ser el pivote sobre el que se sustente todo el proceso de suministro interno del mismo, tanto en el movimiento de mercancías como en el traspaso de información al departamento de compras. Parece claro, pues, que para desarrollar un proceso de *benchmarking* dentro de la mejora de los procesos logísticos de una entidad sanitaria, nos centremos en la consideración de los procesos y recursos que intervienen en el circuito de materiales atendiendo a los procesos de productividad de los almacenes.

Es decir, al iniciar el proceso deberíamos basarnos, como en otras ocasiones, en la teoría de sistemas ya descrita, y centrarnos, por ejemplo, en la productividad del almacén. De este modo, definiremos el objeto, los niveles de análisis y la estructura del estudio de la siguiente manera:

- **Objeto**
  Considerar el proceso total de almacén, desde el muelle de descarga (recepción de las mercancías) hasta el muelle de carga (salida para reparto).

- **Nivel de análisis**
  – Proceso total.
  – Subprocesos.

- **KPI de medida**
  – Productividad.
  – Calidad.
  – Coste.

El análisis comparativo se estructurará en tres etapas.

En primer lugar, los procesos de logística hospitalaria se han separado con el fin de facilitar el análisis. Así, éste se llevará a cabo a partir de un cuestionario normalizado que, como herramienta de recogida permanente de datos, permite estudiar el proceso desarrollado y darle una cierta continuidad, con el fin de conocer la evolución del sistema logístico. Es, en definitiva, un estudio dirigido a la recogida de datos comparables para medir el conjunto de procesos logísticos de cada hospital objeto de estudio.

Las preguntas a las que el estudio comparativo dará respuesta son las siguientes:

- Cuál es el *coste medio* de una posición o línea de pedido, o de una unidad de manipulación (TM, M3…) dentro del proceso total.

- Cuál es el *coste medio* de una posición o línea de pedido, o de una unidad de manipulación (TM, M3...) en cada subproceso considerado: admisión de artículos, entrada en almacén, almacenaje, preparación de pedidos, reparto, etc.
- Qué productividad existe por hora laboral dentro del proceso logístico completo en función de las unidades de medida consideradas: posición o línea de pedido, unidad de manipulación, etc.
- Qué productividad existe por hora laboral dentro de cada subproceso en función de las unidades de medida consideradas: posición o línea de pedido, unidad de manipulación, etc.
- Qué porcentaje de posiciones erróneas existe sobre el total de posiciones de albarán.
- Cuál es la situación del almacén objeto de estudio en comparación con otros de similares características.

2 El cuestionario

La respuesta a las preguntas planteadas se obtiene a partir de una toma de datos de cada centro que se quiera comparar, y que puede quedar predefinida en un cuestionario estructurado de la siguiente manera:

- Descripción del hospital y su almacén.
- Recursos humanos y tecnológicos que se destinan.
- Prácticas operativas.
- Subprocesos analizados:

  - Admisión de artículos.
  - Entrada en almacén.
  - Almacenamiento.
  - Preparación de pedidos.
  - Salida de artículos y reparto.

Este cuestionario permitirá conocer el funcionamiento de todos los subprocesos productivos que se dan en el almacén de un hospital. Esta toma de datos proporcionará, a su vez, elementos comparables entre los distintos hospitales, permitirá saber qué subprocesos logísticos funcionan mejor en cada centro y analizar el porqué.

La comparación de las prácticas operativas intercentros permitirá, finalmente, aplicar el «buen hacer» de las mejores en los demás centros, logrando así una mejora de todo el sistema.

La figura 6.1 ofrece una visión de la estructura del estudio en el proceso global del funcionamiento del almacén.

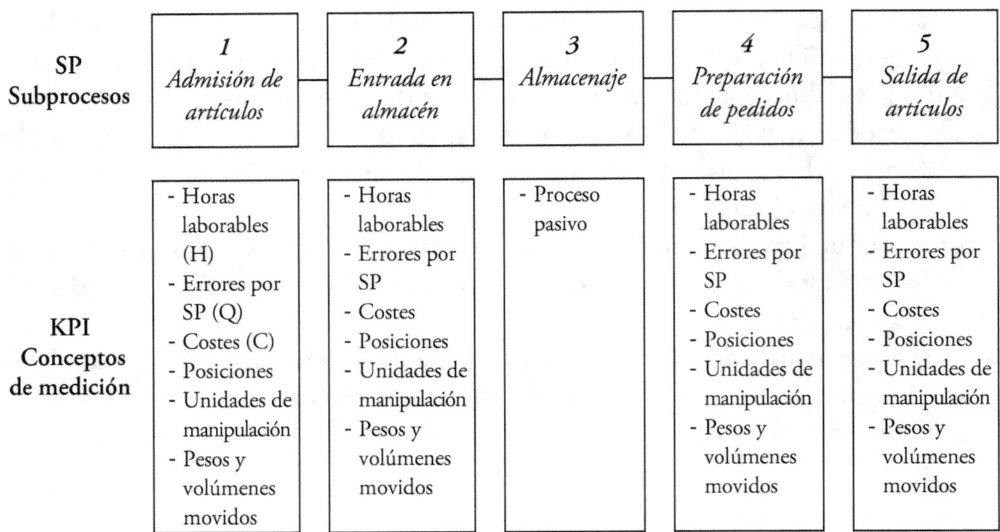

Figura 6.1. Estructura de un proceso de benchmarking *sobre productividad en almacenes.*

DESGLOSE DE LOS PROCESOS LOGÍSTICOS

Solicitud y administración de existencias
Plan de necesidades
Lanzamiento de pedidos (administrativo)
Revisión de parámetros de gestión del almacén y farmacia
Recepción y almacenaje
Recepción de artículos (entrada en almacén)
Almacenaje de productos en almacén o farmacia
Autorización de pago de las compras
Reaprovisionamiento
Solicitud interna de artículos a almacén o farmacia
Preparación de pedidos
Distribución y transporte
Ubicación de los pedidos en estantería
Revisión de los parámetros de gestión del GFH

Tabla 6.1. Desglose de los procesos logísticos en cada subsistema considerado.

3 Procesos que se deben analizar

Los puntos objeto de estudio que hay que considerar en cada subsistema de logística hospitalaria se han dividido en tres grandes subprocesos:

- Compras y gestión de existencias.
- Recepción de pedidos internos.
- Reaprovisionamiento de los centros peticionarios (GFH).

Cada uno de ellos se ha descompuesto en diversas actividades, con el objetivo de recoger de manera clara los datos que se generen en cada «puesto de trabajo operativo», sin complicar innecesariamente el proceso de recogida de datos. El proceso es similar para los productos almacenables y los no almacenables, salvo por actividades que no se dan en productos de compra directa. La tabla 6.1 presenta el desglose de los procesos logísticos que se deben tener en cuenta y las actividades que se desarrollan en cada uno.

4 Un modelo de análisis

El modelo aplicado se centra particularmente en dos tipos de medidas: la eficiencia y la calidad.

La descomposición de los procesos en actividades permite un detallado análisis de los costes, ya que es posible evaluar la eficiencia del centro sanitario por cada actividad desarrollada o por la totalidad del proceso. Estos costes serán el principal punto de comparación para determinar qué hospitales aplican mejores prácticas.

Al ser la mano de obra un elemento que afecta a casi el 60 % de los costes de un centro hospitalario, las horas dedicadas a la ejecución de las distintas actividades logísticas constituye un elemento esencial en el análisis de costes. Un segundo elemento es la disponibilidad y el uso de las tecnologías, con el fin de obtener un panorama ajustado de cada situación. La calidad del servicio es el otro punto que hay que considerar en la medición del rendimiento de la actividad logística. El sector sanitario se distingue netamente por la naturaleza crítica del servicio de las actividades logísticas: la falta de un producto o medicamento en un bloque quirúrgico, por ejemplo, puede complicar de manera notable el trabajo del personal clínico y poner en peligro la vida del paciente. La calidad de los servicios debe ser constante.

La tabla 6.2 muestra una lista sobre «qué medir» para valorar la calidad del servicio, con parámetros que son habitualmente utilizados en el estudio comparativo entre hospitales.

PARÁMETROS DEL RENDIMIENTO OPERATIVO SOBRE LA CALIDAD DEL SERVICIO

Solicitud y administración de existencias	
Subproceso	*Parámetros de medida*
Plan de necesidades	-Número de pedidos de artículos con rotura de existencias en almacén -Número total de pedidos
	-Número de pedidos urgentes por proveedor -Número de líneas de pedido por proveedor
Lanzamiento de pedidos (proceso administrativo)	-Número de líneas de pedido con rotura de existencias por proveedor -Número de líneas de pedido por proveedor

Recepción y almacenaje	
Subproceso	*Parámetros de medida*
Traslado y almacenamiento de los artículos al almacén/farmacia	-Tasa de rotación de existencias
	-Exactitud de los niveles de existencias (inventarios)
	-Densidad de almacenaje: valor de existencias/ superficie útil

Reaprovisionamiento	
Subproceso	*Parámetros de medida*
Solicitudes de material al almacén/farmacia	-Porcentaje de pedidos retocados para los productos almacenados en el GFH
	-Porcentaje de pedidos urgentes
	-Porcentaje de líneas de pedido por artículo con rotura de existencias

Tabla 6.2. Parámetros de medición de la calidad del servicio.

5 La toma de datos

La recogida de datos en los centros sanitarios mediante un sistema de encuestas y formularios predefinidos permite obtener datos significativos de casos muy particulares, los cuales nos permitirán conocer las prácticas operativas utilizadas en los hospitales y determinar las mejores formas de ejecutar los procesos estudiados, comunes a todos los centros.

6 Un ejemplo práctico

Esta metodología la hemos desarrollado y puesto en práctica en un hospital dependiente del Institut Català de la Salut (ICS) para medir el sistema productivo de sus almacenes.

	Productividad				Calidad	Costes		
	Posiciones	*Manipulación*	*Peso*	*Volumen*	*Posiciones*	*Posiciones*	*Manipulación*	*Peso*	*Volumen*
	Posiciones por hora laboral	Unidades de manipulación por hora laboral	Pesos movidos por hora laboral	Volumen movido por hora laboral (m³)	Ratio de posiciones defectuosas a la salida	Costes por posición de salida (tecnología + personal)	Costes por unidad de manipulación	Costes por pesos manipulados	Costes por volumen manipulado
Hospital 1	10,32	7,82	0,07	0,12	3,00 %	1,03 €	1,36 €	155,22 €	86, 97 €
Promedio	10,04	4,05	0,57	1,72	0,26 %	7,46 €	16,91 €	200,20 €	45,86 €
Máximo	65,05	17,02	4,07	10,21	3,00 %	138,11 €	73,71 €	691,92 €	266,65 €
Mínimo	1,23	0,25	0,04	0,12	0,002 %	0,38 €	1,22 €	8,43 €	3,36 €

Tabla 6.3. Resultados de un estudio de benchmarking *de «productividad de almacenes».*

Los resultados obtenidos, comparados con los de otras empresas con actividad de almacenaje activo, a partir de un estudio llevado a cabo en el año 2003 con el Centro Internacional de Investigación Logística (CIIL-IESE) en Barcelona, se pueden observar en la tabla 6.3. Los indicadores obtenidos resaltan fundamentalmente tres aspectos:

- Que la calidad del servicio logístico es manifiestamente mejorable a nivel interno.
- Que los costes de manipulación son muy altos, debido fundamentalmente a la falta de tecnología aplicada a los procesos logísticos hospitalarios.
- Que la productividad puede mejorarse si se aplican técnicas de gestión que permitan controlar la cadena de suministro.

Este modelo de análisis aplicado a varios centros permite no sólo identificar aquéllos con mejores prácticas operativas, sino, lo que debería ser más importante para un servicio de salud, *explicar por qué lo son*. El análisis de los costes y la calidad, según la práctica llevada a cabo, permitirá, igualmente, determinar la eficacia y la eficiencia de cada actividad desarrollada.

En la situación actual, o los centros de salud son cada vez más responsables en lo que respecta a la gestión de fondos públicos con la obligación de rendir cuentas ante una sociedad cada vez más exigente, o los gobiernos habrán de motivar a los gestores de cada hospital, recompensando a los mejores y penalizando a los otros. La mejora de los procesos logísticos mediante la implantación de mejores prácticas operativas constituye cada vez más una necesidad. El análisis comparativo de procesos de logística hospitalaria, dando a conocer las mejores prácticas del sector con los recursos disponibles, facilitará a los órganos gestores tomar las decisiones oportunas para resolver algunos problemas de la sanidad.

Capítulo 7

Las nuevas tecnologías en la logística hospitalaria

El presente de la logística hospitalaria exige actuaciones conjuntas que permitan adecuar o dotar las instalaciones existentes con medios acordes a la importancia del servicio a que están destinadas. La «red de redes» permite en la actualidad establecer un voluminoso flujo de información entre hospitales y proveedores, lo cual se prevé que genere (de hecho, ya lo está haciendo) la aplicación de soluciones globales que den continuidad y visualización a la cadena de suministro.

El uso de internet y ciertos cambios legislativos[1] han permitido desarrollar perfiles de compra individualizados para cada hospital, hecho que, apoyado por tecnologías como el sistema EDI (siglas de *electronic data interchange* o intercambio electrónico de datos), portales de compra y factura electrónica, está mejorando la gestión de compras y logística en el sector sanitario en los dos extremos de la cadena: los hospitales y los proveedores.

De forma análoga, se han desarrollado soluciones tecnológicas para reponer materiales a los puntos de consumo, sin necesidad de que el personal clínico o logístico deba intervenir presencialmente en el circuito de pedido. Ello permite, además, gestionar el aprovisionamiento desde instalaciones ajenas al propio hospital, como almacenes externos.

Como ocurre en otros sectores de actividad, la toma de decisiones en el ámbito tecnológico de la logística hospitalaria debe tener en cuenta la relación entre el coste y el beneficio de la inversión y evaluar su idoneidad. No obstante, conviene señalar que las necesidades de mejora en la operativa logística de este sector son evidentes, dado que, salvo contadas excepciones, ésta apenas dispone de las herramientas mínimas para manejar el 40 % del presupuesto de cada centro, y se mantiene la ejecución de operaciones tradicionales con productos de un impacto económico muy elevado. La inversión en cualquiera de las tecnologías expuestas debería traducirse en un rápido retorno del capital y en la mejora de la calidad de los servicios.

---

[1] Texto refundido de la Ley de Contratos de las Administraciones Públicas, de 14 de noviembre de 2011.

1   El sistema EDI

Antes de que internet se popularizase, se establecieron una serie de estándares de comunicación internacionales entre empresas, de manera que quedase garantizado que los flujos de información emisor-receptor podían cumplir ciertas garantías que diesen confianza a la transacción. Si bien esta tecnología fue concebida para empresas comerciales, poco a poco ha ido introduciéndose en el sector sanitario y, en 2012, podemos constatar que, de un total de 579 socios, más del diez por ciento de los hospitales públicos del Sistema Nacional de Salud español son usuarios del sistema EAN-UCC.

El EDI es un sistema que utiliza un conjunto coherente de datos, estructurados conforme a determinadas normas internacionales (pedidos-*orders*, albarán-*desadv*, factura--*invoic...*), que permite transmitir información por medios electrónicos de modo que el propio ordenador sea capaz de procesarla automáticamente y sin ambigüedad. Desde la Aecoc (Asociación Española de Codificación Comercial) se han impulsado iniciativas como Eancom, que permite cubrir el flujo de información entre los centros y sus proveedores, mejorar los procesos de compra y reducir ostensiblemente el número de incidencias en los procesos de solicitud de materiales. El empleo de la red para el EDI implica la adopción de diversos protocolos de seguridad con los que reducir los riesgos de utilización de internet. Es el caso de los protocolos EDIINT AS1 y AS2, que permiten el intercambio de información entre los hospitales y los proveedores de modo que se garantiza la recepción de los documentos enviados, su autenticidad y su confidencialidad. El EDI se basa en la utilización de la red como medio de transmisión de los mensajes Eancom, cuya seguridad queda garantizada mediante el uso de la firma electrónica y el cifrado de los mensajes.

Algunos beneficios de la implantación del EDI son los siguientes:

- Desde un punto de vista *funcional,* tiene lugar una disminución de los errores y del coste administrativo (30 %) y un aumento de la calidad de la información.

- Desde un punto de vista *logístico,* aumenta la posibilidad de demanda colaborativa y mejora la gestión de la cadena de suministro y el uso de los recursos disponibles.

- Desde un punto de vista *cuantitativo,* el coste de lanzamiento de un pedido se reduce, en comparación con un proceso manual, cerca del 75 %.

Si bien la implantación del EDI en el sector sanitario español ha conocido un lento desarrollo desde mediados de la década de 1990, la mayoría de las comunidades autónomas han apostado definitivamente por su establecimiento apoyándose en organismos como la Comisión Técnica de Compras y Logística (CTCL) y la Aecoc, impulsadas por

Servicio de salud	*Mensajes EDI*	*Grado de implantación*
Aragón Salud	ORDERS, DESADV, INVOIC	En proceso de decisión
IB-Salut	ORDERS, DESADV, INVOIC	Detenido
ICS (Logaritme)[2]	ORDERS, ORDRSP, DESADV, RECADV, INVOIC	Muy alto
Osakidetza	ORDERS, ORDRSP, DESADV, INVOIC	Alto
Sanidad de Castilla y León (Sacyl)	–	–
SAS	ORDERS, DESADV, RECADV, INVOIC	Muy alto
Sergas	ORDERS, DESADV	Alto
Agència Valenciana de la Salut (AVS)	ORDERS, DESADV, RECADV	Alto
Servicio Canario de la Salud (SCS)	ORDERS, ORDERSP, DESADV, RECADV, INVOIC	En implantación
Servicio Cántabro de Salud (SCS)	INVOIC	En proceso de decisión
Servicio Madrileño de Salud (Sermas)	–	–
Servicio Murciano de Salud (SMS)	–	Pendiente de inicio

Tabla 7.1. Situación del EDI en el sector sanitario (septiembre de 2012).

proyectos de implantación con distintos grados de avance que, en 2012, con 425 usuarios en el sector sanitario, se muestran en la tabla 7.1.

2 Radiofrecuencia

La radiofrecuencia consiste en la transmisión de ondas electromagnéticas de baja intensidad (entre 3 kHz y 300 GHz) para compartir información. Los usos más habituales de este método de transmisión de datos se encuentran en las telecomunicaciones (TV, radio y telefonía móvil) y en la aplicación del radar y el sónar. En un hospital, la radiofrecuencia se emplea, entre otras aplicaciones, en el diagnóstico por imagen aplicada a la resonancia magnética nuclear (RM).

Las comunicaciones de radiofrecuencia inalámbricas de voz y datos incluyen, por ejemplo, los tipos de transmisión wifi[3] y GSM/GPRS.

---

[2] Logaritme AIE es el operador logístico del ICS (www.logaritme.net).
[3] Wi-Fi es la marca registrada con la que Wi-Fi Alliance comercializa su estándar de comunicaciones IEEE 802.11b.

La comunicación wifi responde a un tipo de transmisión por radiofrecuencia en una banda aproximada de entre 2,5 y 5 GHz, que cumple el estándar IEEE 802.11b de secuencia directa y permite la conectividad entre equipos de forma inalámbrica. Se trata, por tanto, de un modo de transmisión electromagnética con un alcance limitado en la distancia y en la capacidad de datos.

Por su parte, GSM/GPRS es otro tipo de transmisión por radiofrecuencia en la banda de los 900, 1.800 y 1.900 MHz, con una capacidad de datos y de cobertura ilimitada.

Así pues, no resulta extraño confundir como tecnologías distintas lo que en realidad son diferentes modos de transmisión de la información.

Veamos algunas aplicaciones de la radiofrecuencia en el ámbito hospitalario.

2.1 Almacén general

Un sistema de radiofrecuencia de captura de datos (RFCD) consta de una estación receptora y emisora de información digital, apoyada por una serie de antenas repetidoras de la señal y de terminales portátiles. Éstos permiten al operario validar los movimientos de la mercancía en cada momento mediante la lectura de los códigos de barras de los productos o de las ubicaciones, que se transmiten en sentido operario-estación.

Este sistema alcanza su máxima operatividad al integrarse en los sistemas de gestión de almacenes (SGA), en los que funciona como una herramienta de enlace entre el sistema de gestión y los operarios del almacén, de modo que la transmisión de la información tiene lugar en tiempo real.

Uno de los puntos débiles del sistema de preparación manual de pedidos sigue siendo el *factor humano,* dado que los errores de manipulación y envío constituyen uno de

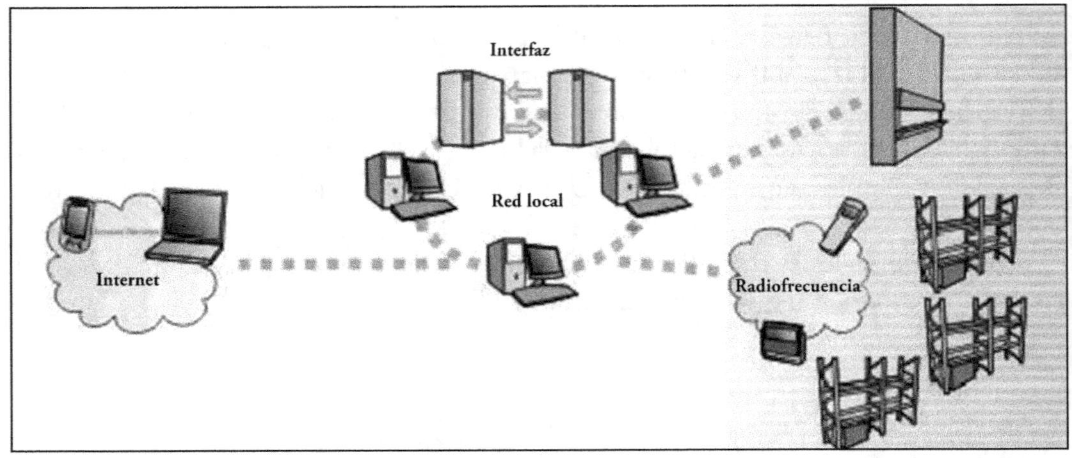

Figura 7.1. Esquema de un sistema de radiofrecuencia.

AHORROS DERIVADOS DE UN SISTEMA DE PREPARACIÓN DE PEDIDOS POR RADIOFRECUENCIA

Costes de gestión de inventarios	10-50 %
Precisión de inventarios	99 %
Tiempo de preparación de pedidos	15-35 %
Incrementos de productividad	15-50 %

Tabla 7.2. Ahorros de un sistema de radiofrecuencia en los pedidos.

los mayores problemas en el funcionamiento de los almacenes. El porcentaje de errores puede ser superior al 3 %; fallos que, además, se transmiten a lo largo de la cadena y provocan descuadres de inventario, pérdidas de material y desconfianza en el sistema. Para paliar este inconveniente, aprovechando asimismo las posibilidades de los módulos logísticos de los ERP (SAP, HPHIS, SIGH, MS Dynamics/Navision, Axional, etc.) y la utilización de SGA, la implantación de un sistema RFCD puede facilitar el control de los almacenes en tiempo real con terminales móviles y permite a cada operario estar conectado en línea con el sistema de preparación de pedidos. Esta herramienta permite que el operario reciba el pedido que debe preparar en la pantalla del terminal portátil, de manera que puede identificar las líneas del pedido y validar las cantidades realmente servidas a medida que lo prepara. De este modo, al mismo tiempo que prepara una línea del pedido, el operario puede identificar la ubicación física en el almacén para comprobar que el producto solicitado coincide con el de la posición física y, una vez finalizado el pedido en cuestión, puede recibir instantáneamente el siguiente pedido en cola de preparación, hecho que le evita tener que desplazarse físicamente a recoger un nuevo albarán. Esta tecnología permite conseguir *ahorros en tiempos de desplazamiento* superiores al 30 % por operario y *exactitudes de inventario* del orden del 99 %.

En la tabla 7.2 se resume el ahorro que permiten conseguir estos sistemas.

2.2   *Almacenes periféricos*

La radiofrecuencia aplicada al control de existencias distribuidas en almacenes periféricos ha experimentado un gran avance en pocos años, y lo ha hecho al combinar un modelo de gestión entre sistemas de suministro basados en el doble cajón (véase el capítulo 4), con equipamiento modular, y etiquetas de radiofrecuencia que identifican cada ítem del almacén y generan el lanzamiento automático de órdenes de reaprovisionamiento, lo que evita desplazamientos al personal de logística.

Esta tecnología permite llevar a cabo, fundamentalmente, dos tipos de implantación; en ambas se identifica la ubicación de cada producto en el almacén de planta mediante una etiqueta móvil con una etiqueta de radiofrecuencia, que permite al personal de logística hacer una lectura a distancia.

En un caso, al terminarse el doble cajón, esta etiqueta se desplaza y genera, según el criterio del gestor del almacén general (ya sea éste local o remoto), órdenes de pedido en función de las tarjetas con dispositivo de radiofrecuencia, previamente colocadas por el personal clínico sobre paneles de lectura *ad hoc*.

La otra opción consiste en utilizar etiquetas de radiofrecuencia integradas en un pulsador que identifica la ubicación y el producto de cada almacén, de tal modo que no es necesario mover el dispositivo al finalizar el doble cajón: basta pulsar el botón para dar el aviso de reposición de material.

3   Armarios automáticos con RFID

Una de las mejoras tecnológicas más importantes de los últimos años consiste en la implantación de sistemas automatizados de dispensación (SAD) de productos, mediante los llamados «armarios inteligentes». Básicamente, el funcionamiento de estos sistemas de distribución de materiales consiste en automatizar la dispensación y el control de los productos mediante un sistema informático que permita gestionar óptimamente los materiales almacenados y que pueda conectarse al sistema de gestión del

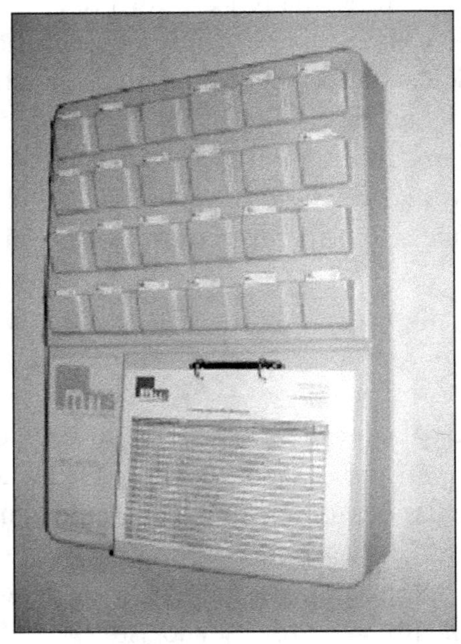

Figura 7.2. Panel de lectura de radiofrecuencia
para pedidos en almacén de planta.

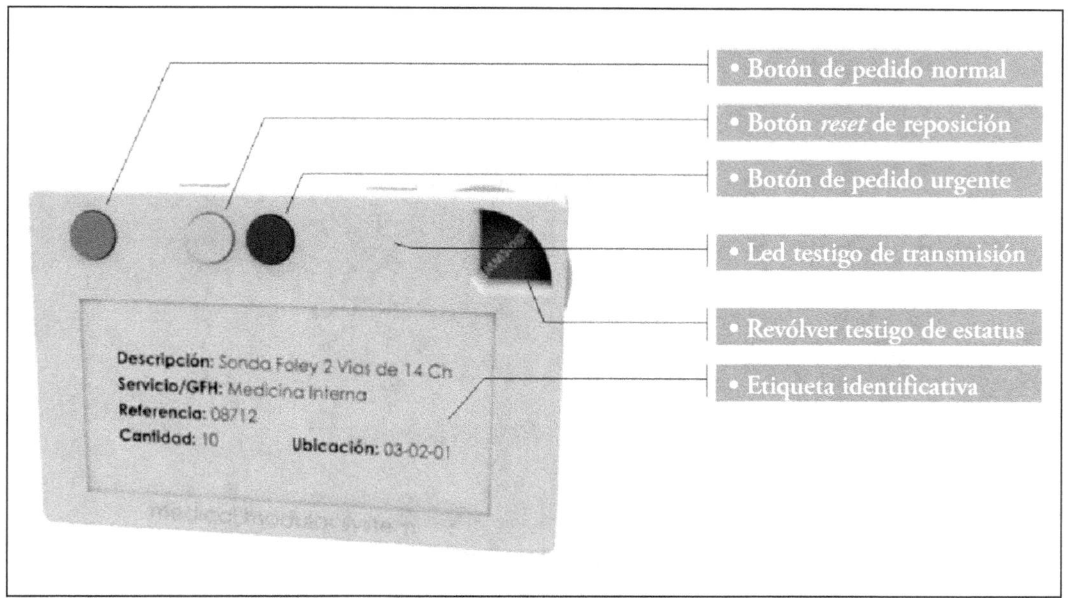

Figura 7.3. Pulsador de radiofrecuencia para pedidos en almacén de planta.

hospital. Si bien estos métodos se emplean mayoritariamente en el área de la farmacia hospitalaria, también comienzan a utilizarse en el control y la administración de material sanitario de alto valor añadido en servicios de hemodinámica, radiología intervencionista, prótesis y control de producto sanitario sensible (suturas mecánicas y material de laparoscopia).

Estos dispositivos[4] se centran en el control y la visibilidad de los materiales para lograr una optimización de los costes a lo largo de todo el proceso: almacenaje, preparación, implantación, facturación y evaluación de la actividad. La aplicación de la tecnología de identificación por radiofrecuencia (RFID) permite realizar un seguimiento detallado de las unidades de inventario de mayor valor económico y ofrece la posibilidad de mejorar la gestión para estos artículos. Por otra parte, es aconsejable no utilizar radiofrecuencia UHF en el entorno quirúrgico para evitar interferencias con equipos médicos. Estos dispositivos funcionan gracias a un avanzado programa que gestiona catálogos actualizados de varios proveedores, y ejercen un exhaustivo control de los consumos al imputarlos a cada acto clínico o intervención.

La utilización de los sistemas descritos es relativamente sencilla, pues sólo requiere la identificación del usuario y la del paciente al que se dispensa el producto que hay que extraer del armario, que se lleva a cabo en el sistema informático; el equipo debe estar

---

[4] Véanse los sitios web www.wavemark.com y www.stanleyhealthcare.com.

Figura 7.4. Sistema automatizado de dispensación.

asimismo conectado al sistema general de gestión del hospital, en el que se registra toda la transacción realizada incluyendo los datos del usuario, los datos clínicos del paciente y la cantidad dispensada para poder efectuar adecuadamente los procesos de contabilidad, reabastecimiento y facturación.

No cabe duda de los grandes beneficios que comporta el uso de SAD en el sistema logístico hospitalario. En concreto, la tabla 7.3 resume las ventajas de estos equipos.

Estas unidades suelen instalarse a nivel de quirófano, al que se asignan un equipo provisto del correspondiente material y una licencia del programa que limita el número de usuarios. Al tratarse de dispositivos que requieren cierta inversión, algunos proveedores permiten asignar varios equipos a toda un área quirúrgica y mejorar el ratio de inversión con una sola licencia de uso.

4 Carruseles

En la tendencia de automatizar cada vez más los procesos de preparación de pedidos y optimizar los escasos espacios de almacenaje disponibles en los centros sanitarios, se

Enfermería	*Suministros*	*Unidad de gestión económica*
• Optimización del tiempo y la calidad del trabajo	• Disminución de las urgencias de suministro	• Facilitación del análisis de consumos por paciente
• Mejora del manejo de materiales de elevado coste	• Control de inventario en tiempo real	• Optimización de inventarios y reducción del inmovilizado
• Disminución de las tareas administrativas y supresión de las redundantes	• Automatización del proceso de aprovisionamiento	• Imputación de gasto por paciente o acto clínico
• Alertas del nivel de inventario y de las pérdidas de material	• Predicción automática de las necesidades	• Agilización del proceso de facturación
• Restricción de acceso al equipo		
• Trazabilidad del material		

Tabla 7.3. Ventajas de los sistemas automatizados de dispensación.

han adoptado progresivamente soluciones que ya funcionan con efectividad en sectores logísticos más desarrollados que el sanitario. En España, los grandes hospitales (La Paz, Gregorio Marañón, Vall d'Hebron, Central de la Defensa y otros) han sido los principales precursores de la mejora del subsistema productivo de logística: dotaron a sus almacenes generales de sistemas automáticos de almacenamiento y producción que sustituyesen el sentido del movimiento hombre-producto por el de producto-hombre, que evita los inútiles desplazamientos del personal por todo el almacén durante la preparación de los pedidos. La solución de rotativos horizontales (carruseles horizontales) permite a un operario alcanzar productividades superiores a las 300 líneas/hora, frente a las 50 líneas que se pueden lograr con un sistema tradicional.

Un sistema de almacenaje de carrusel consiste en una serie de bandejas o cestas suspendidas de un mecanismo que las hace girar alrededor de una estructura cerrada, manejado por un operario localizado en la estación de carga y descarga que activa el carrusel mediante un sistema informático. Éste origina un movimiento del dispositivo que posiciona el producto solicitado en la estación de manipulación y escoge las unidades requeridas. El ciclo se repite hasta finalizar uno o varios pedidos y requiere un proceso de recarga para alimentar las posiciones de producto que han sido consumidas a lo largo de la jornada.

Mediante este sistema, la mejora productiva y de control del material resulta evidente; no obstante, para justificar tal inversión es recomendable considerar, además, la tasa efectiva de utilización del equipo, un factor que en muchos casos no se justifica.

Fuente: www.etsystems.es.

Figura 7.5. Carrusel horizontal.

5   Vehículos autoguiados (AGV)[5]

Otra de las aplicaciones tecnológicas de ámbito logístico introducidas en los hospitales para solucionar el transporte interno de los suministros, los fármacos, la lencería y la alimentación son los vehículos robotizados (filoguiados, magnetoguiados, por radiofrecuencia, etc.), que permiten mejorar ostensiblemente el tráfico interno del hospital al aumentar la puntualidad y la programación de las entregas en servicios secundarios con un alto índice de repetición de procesos. La adopción de este tipo de tecnología de utilidad demostrada en procesos de logística hospitalaria depende, en gran medida, de la viabilidad técnica del centro, es decir, de la estructura del edificio, así como de factores laborales y económicos, dada la cuantiosa inversión requerida.

En España, el primer centro que ha desarrollado este sistema es el Hospital Dr. Negrín, en Las Palmas de Gran Canaria. Cuenta con un sistema de transporte robotizado, de guiado magnético sobre la base de diez robots, para transportar las mercancías (el mate-

---

[5] Sigla de *automated guided vehicle,* en inglés, o vehículo de guiado automático. *Diccionario de logística,* en www.logisnet.com.

Fuente: www.swisslog.com.

Figura 7.6. Vehículos autoguiados para el transporte de materiales en el hospital.

rial sanitario, la lencería, los fármacos, la alimentación y el archivo) de seis puntos de origen a treinta destinos a través de los pasillos de servicio de las plantas –1 y +2.

Una unidad de gestión y monitorización central dirige, controla y vigila todas las órdenes del sistema, regula y supervisa el tráfico de los robots en los circuitos definidos para su paso y permite las modificaciones de los parámetros establecidos. Cada robot comunica continuamente su situación al ordenador central por medio de una red wifi cuya cobertura alcanza todos los pasillos y vestíbulos de ascensores por los que circulan los vehículos.

La comparativa de costes que justificaba el proyecto se calculó sobre la actividad desarrollada por el personal operativo y la cuantía de la inversión, y el resultado obtenido indicaba un ahorro del 75 % respecto al proceso no robotizado.

La rapidez de la evolución tecnológica, la mejora en el diseño y las prestaciones que se incorporan a los nuevos equipos, así como la disminución de los costes, han permitido implantar estos sistemas en nuevos hospitales (Río Hortega de Valladolid, La Fe)[6] y que se considere su estudio en otros (Puerta de Hierro-Majadahonda, Central de Asturias, Son Dureta-Son Espases), en los que permitirá mejorar la logística de distribución durante los próximos años.

---

[6] Véanse los sitios web www.proingesa.com, www.asti.es y www.out-log.es.

Capítulo 8

La externalización de los servicios logísticos

Al igual que en la mayoría de los sectores en los que la logística está presente, también en el sanitario se comienzan a adoptar prácticas ya habituales en otros ámbitos.[1] La contratación de servicios desarrollados por personal experto, al que se exige un alto grado de especialización en su actividad, es una opción que permite al hospital centrarse en desarrollar correctamente su labor fundamental y delegar en un tercero el despliegue de otras tareas no ligadas a la actividad sanitaria. Lejos de percibirse como una pérdida del control de una parte de la organización, esta práctica debe entenderse como un soporte necesario para aprovechar mejor los recursos sanitarios disponibles.

1   ¿Qué externalizar?

La respuesta a tal pregunta no debe ser sino «casi todo». Ante la decisión del órgano gestor de optimizar la gestión logística del centro, hay que considerar externalizables los siguientes procesos: la gestión de la información, la reingeniería de procesos y la implantación de soluciones, de manera que el hospital siempre obtenga una prestación en servicio que ayude a mejorar el sistema logístico. En todos los casos, se debe establecer una relación contractual con el operador externo que delimite con claridad el alcance y las obligaciones que adquieren ambas partes, y los niveles de responsabilidad que mantiene cada una de ellas.

En el sistema logístico descrito en este libro y en los procesos afectados en cada subsistema tratado encontramos, fundamentalmente, tres opciones para acometer los cambios necesarios. La elección de una u otra depende exclusivamente de la estrategia adoptada por cada centro sanitario o sistema de salud y de los niveles de responsabilidad que

---

[1]   Para una visión detallada de las tendencias en la subcontratación de servicios logísticos en otros sectores de actividad, véase *Operadores logísticos,* de Andrés Mira Doménech, colección Biblioteca de Logística, Marge Books, Barcelona, 2006.

se quieran delegar en una relación cliente-proveedor. Esta decisión estratégica debe tomarse en función de las necesidades reales de cada centro, atendiendo a las siguientes posibilidades:

- Consultoría estratégica.
- Operador externo *in company.*
- Operador externo y alejado físicamente.

En la tabla 8.1 se presenta una relación comparativa de las prácticas desarrolladas en cada opción.

MODELOS DE GESTIÓN

Modelo	*Requerimientos*	*Aporte*	*Implicación*
Recursos internos	Mejora de la productividad del personal propio: almacenes y asistencial	• Mejora del sistema logístico con medios internos	• Habitualmente baja para el personal propio • Motivación contra una mejora salarial
Consultoría y gestión	Plazo contractual corto y ligado a éxito (contrato de soporte)	• Extracción y explotación de la información • Cuadro de mando *ad hoc* • Soporte para necesidades tecnológicas • Reingeniería de procesos • Formación y gestión del cambio	• Puede ser alta si se liga a objetivos: facturación abierta
Externalización *in company*	Plazo contractual medio (contrato de servicios)	• Profesionalización de la gestión • Explotación de la información • Aporte de tecnología. Metodología y soporte a compras • Personal operativo: parcial o total	• Alta y aconsejable ligarla a objetivos marcados previamente en pliegos
Externalización (plataformas)	Plazo contractual largo para ligarlo a inversiones (concesión de servicios)	• Gestión de la cadena de suministro • Inversiones amortizables • Capacidad financiera • Instalaciones externas adecuadas • Economías de escala (con varios centros) • Planificación conjunta de necesidades	• Muy alta • Facturación ligada a objetivos de gestión marcados en pliegos

Tabla 8.1. Modelos de externalización logística.

2   Consultoría estratégica

La forma más económica de acometer una mejora del modelo logístico de un hospital consiste en contratar un socio estratégico. Este colaborador externo debe definir y analizar los circuitos existentes en el hospital, evaluar sus recursos y diseñar un modelo logístico que permita al centro alcanzar los objetivos de su plan de mejora mediante una óptima gestión de la información y de la reingeniería de procesos. Teniendo en cuenta, además, la existencia de distintos sistemas de información, el trabajo de consultoría debe abarcar la integración de los sistemas informáticos existentes y la incorporación de las nuevas necesidades. Por tanto, el alcance de esta opción de colaboración con un tercero ajeno a la estructura del hospital depende de las necesidades de cada centro, pero debe ir siempre dirigido a desarrollar herramientas de control y gestión con criterios de eficacia como único objetivo, sin olvidar el entorno de la actividad y considerando la «sensibilidad sanitaria» un factor más que debe tenerse en cuenta.

La puesta en práctica de la solución ofertada será llevada a cabo por personal del hospital, supervisada por el colaborador externo, según la relación contractual establecida. El órgano gestor debe considerar en esta opción la posibilidad de aplicar fórmulas abiertas de facturación, que permitan a la empresa consultora implicarse de lleno en la realización del proyecto y que la hagan partícipe de los beneficios conseguidos.

3   Externalización *in company*

Los procesos que abarcan los subsistemas de aprovisionamiento interno y la gestión de materiales permiten un mayor grado de implicación en cuanto a la posibilidad de externalizar la gestión logística.

El hospital debe contratar un experto que le proporcione recursos y conocimientos suficientes para desarrollar *todos* los procesos logísticos que se efectúan desde el sistema de suministro, sin considerar en ningún momento la gestión de compras. Esta opción permite al hospital delegar la actividad logística en un tercero que aporte, además de conocimiento, recursos humanos y técnicos con los que lograr las mejoras necesarias en el sistema logístico. El desarrollo de la actividad puede llevarse a cabo en las propias dependencias del hospital (gestión del almacén general), o bien subcontratando un almacén externo desde el que cubrir las necesidades de almacenamiento del centro hospitalario.

3.1   *Descripción operativa*

El proceso de externalización parte de un acuerdo contractual por el que el hospital cede sus instalaciones y equipamientos (almacén, equipos de manutención, etc.), y del aporte del operador de los recursos necesarios para desarrollar correctamente la actividad delegada en las instalaciones del hospital.

Este modelo de gestión externalizada comprende la gestión operativa del almacén general del hospital como núcleo del sistema logístico y de los procesos de suministro a los puntos internos de consumo. El operador aprovecha los equipamientos existentes en cuanto a medios de reparto, almacenaje o manutención, y aporta personal experto que desarrolla la operativa diaria de entrada y salida de la mercancía adquirida por el hospital. Además, aporta recursos técnicos con los que mejorar el sistema de pedidos interno (véase el capítulo 4) y organiza un nuevo modelo logístico que optimiza los recursos gestionados, lo que evita la acumulación de material en planta e incrementa el índice de rotación de los productos. En poco tiempo (entre dos y tres meses), este sistema suele dotar de seguridad al sistema de suministro interno, lo cual implica que cada GFH consuma únicamente las existencias que tiene asignadas y evite «tomar prestado» material almacenado en otras plantas u otros servicios (habitualmente, UCI y urgencias). El flujo de materiales se estabiliza y el departamento de compras logra visualizar todo el circuito de materiales sobre consumos reales por la actividad de cada GFH.

En este caso, la implicación del operador es máxima, pues pasa a depender operativamente de la dirección de logística del centro; además, parte de su facturación puede vincularse a objetivos de ahorro, contención de gasto o calidad.

4   Externalización total: las plataformas logísticas

Esta opción es aplicable en el caso de que varios hospitales o centros sanitarios de una misma zona geográfica decidan dar un paso más en la externalización de servicios.

Un cambio del modelo logístico hospitalario y la unificación de los criterios de funcionamiento de todos los centros pueden permitir a un servicio de salud medir y analizar datos internos de manera coherente, y visualizar de este modo toda la cadena de aprovisionamiento dentro de un mismo esquema. Un paso más en la mejora de los costes logísticos consiste en compartir un mismo almacén, dotado de medios suficientes, desde el que se suministre a varios centros sanitarios.

La posibilidad de aglutinar la demanda de varios centros y organizar las actividades de almacenamiento y distribución desde un almacén común (propio o subcontratado) logra reducciones importantes en costes operativos y de mantenimiento de la mercancía. Lejos de querer profundizar en modelos matemáticos ampliamente explicados en la abundante bibliografía logística, sí conviene señalar que las características del sector hospitalario, en el que la demanda es muy lineal y no está sujeta a la variabilidad del «cliente», hacen que el modelo de Wilson, con todas las restricciones que habitualmente se le imponen para determinar la demanda y la cantidad de pedido, se pueda aplicar de forma bastante ajustada a la realidad.

En este sentido, la comparación entre los costes globales de dos o más hospitales pone de manifiesto la ventaja de la gestión conjunta frente a la tradicional, separada. En la figura 8.1 se resumen los parámetros logísticos básicos para dos hospitales que se plantean un cambio en su sistema de aprovisionamiento, y se muestra el ahorro global conseguido mediante una alianza teórica entre los dos centros sanitarios cuando deciden aprovisionarse conjuntamente.

De este modo, la gestión conjunta de existencias genera un ahorro directo en los gastos individuales de cada centro, que se traslada directamente a la cuenta de resultados de cada hospital. Los órganos gestores, si realmente desean mejorar la gestión logística de sus centros hospitalarios y sistemas de compra, pueden elegir un modelo de almacén conjunto que permita reducir costes y aplicar economías de escala a distintos hospitales dentro del área de influencia del almacén o de la plataforma logística. Dicha plataforma puede ser gestionada por un operador logístico dedicado, que aporte las inversiones necesarias para desarrollar un proyecto a gran escala y que permita a los hospitales afectados conseguir ahorros importantes en la gestión logística; todo ello mediante la implantación de economías de escala y la profesionalización completa del modelo logístico.

	Gestión separada 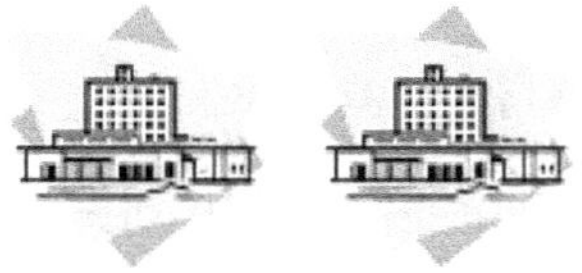	Gestión conjunta (almacén compartido) 
Demanda	A B D D	A + B 2D
Lote económico	$Q_A = Q_B = Q = \sqrt{2DC_P / C_A}$	$Q_A = Q_B = Q = \sqrt{2D2C_P / C_A} = \sqrt{2}\,(Q)$
Existencias medias	$Q/2 + Q/2 = Q$	$\dfrac{\sqrt{2}}{2}\,Q$
Coste global	$K_A + K_B = 2\sqrt{2DC_PC_A}$	$K_{A+B} = \sqrt{2}\sqrt{2DC_PC_A}$
AHORRO	$K_A + K_B - K_{A+B} = (2 - \sqrt{2})\sqrt{2DC_PC_A}$	

Leyenda: ambos hospitales tienen la misma demanda (D) y los mismos costes de almacenamiento (C_A) y pedido (C_P).

Figura 8.1. Parámetros logísticos relacionados con la demanda conjunta.

Servicio de salud	Modelo	Operativa	Planificación	Compra	Almacenaje	Distribución
SAS	PL provinciales	OL propio	SAS	SAS	SAS	OL
ICS	PL única	OL propio	OL	ICS	OL	OL
Sergas	PL única	OL externo	OL	Sergas	OL	OL
SMS	PL única	OL externo	Conjunta	SMS	OL	OL
AVS	PL provinciales (por definir)	OL externo	OL	AVS	OL	OL

OL: operador logístico; PL: plataforma logística.

Tabla 8.2. Ejemplos de modelos de externalización logística en España (2012).

En 2012, existen en España varios proyectos de agrupación logística iniciados en algunas comunidades autónomas, que abarcan el servicio a hospitales y centros de atención primaria basados en distintos modelos de gestión. En la tabla 8.2 se detallan algunos de estos modelos de externalización logística.

4.1 Descripción operativa

El proceso de gestión de una plataforma logística externa común a varios centros hospitalarios comprende la gestión operativa de un almacén dedicado. Para ello son necesarios equipamientos suficientes que permitan la custodia de los materiales confiados y el desarrollo de la actividad de manera óptima; personal experto dedicado en un horario amplio de jornada laboral, y la definición de un sistema de transporte y distribución que cubra las necesidades de los centros adscritos a la plataforma.

El desarrollo para la puesta en marcha requiere un estudio previo de las necesidades de gestión (propia o subcontratada) y un análisis exhaustivo de los condicionantes del proyecto. Debe efectuarse, así, la definición del modelo logístico atendiendo a criterios de análisis como, entre otros, los siguientes:

- Toma y análisis de datos logísticos de los centros implicados.
- Cálculo de requerimientos (tamaño del almacén, instalaciones, situación, etc.).
- Cálculo de las necesidades de transporte.
- Integración de sistemas (tecnologías de la información y de la comunicación).
- Modelo de gestión operativa interna del hospital.

A partir del análisis inicial para la puesta en marcha, hay que valorar, además, las necesidades iniciales de inversión y la estructura de costes operativos, datos que permitirán decidir la viabilidad económica del proyecto.

Como muestra la tabla 8.2, los modelos implantados en España hasta 2012 se sustentan en distintas fórmulas por el pago al operador logístico de un precio por línea servida, como en los casos de ICS, Sergas y SMS. No obstante, nos hallamos todavía en un estado incipiente de desarrollo, en el que conviene no descartar otros escenarios en los que se avance hacia un sistema de cápita.

Capítulo 9

Tendencias de la logística hospitalaria

1 Dónde estamos

Retomando la idea con la que se iniciaba esta obra, la figura 1.1 representaba el «macrosistema» logístico de un hospital y esquematizaba en una red de relaciones todos los flujos que existen desde el proceso productivo del proveedor hasta las unidades de consumo del centro.

Ese esquema, junto con los procesos operativos y las mejoras descritas en los distintos capítulos, permite visualizar la necesaria continuidad de todo el flujo logístico hasta alcanzar lo que se considera la razón de ser del sistema: el usuario final; es decir, el personal clínico y el paciente, representados en la figura como GFH.

A partir de dicho esquema de la cadena de suministro de un centro hospitalario, en el que el sistema logístico controlado por el hospital sólo está compuesto por unos cuantos eslabones de toda la cadena logística y el resto depende de los proveedores, podemos intuir que, al igual que ocurre en otros sectores, la mejora del sistema se consigue con el aprovechamiento de las sinergias de cada subsistema con sus adyacentes, esto es, mediante la colaboración y la integración de los procesos y los recursos.

En los sectores (sistemas) en los que se gestiona la cadena de suministro (o, al menos, en los que se intenta hacerlo), la respuesta a las necesidades del consumidor constituye el elemento básico sobre el que pivota el cambio que se genera en la dinámica operativa de la empresa. Todos los cambios tienen como objetivo satisfacer al consumidor, al menor coste posible y con la máxima agilidad.

Según un criterio puramente empresarial, esta tendencia es del todo incontestable.

Durante la última década del siglo XX y la primera del siglo XXI, el impacto de la integración de las cadenas de suministro ha sido ampliamente estudiado en distintas industrias. A mediados de la década de 1990, desde las empresas de gran consumo (básicamente, desde los sectores de la alimentación y el automóvil) se introdujo el concepto ECR (siglas de *efficient consumer response* o respuesta eficiente al consumidor), mediante el cual se consiguió alcanzar significativos beneficios gracias al ahorro de costes en las diferentes fases de la cadena logística.

La adopción y aplicación del concepto EHCR *(efficient healthcare consumer response)* permitiría generar un ahorro de 11 millardos de dólares distribuido entre todos los actores de la cadena de suministro sanitaria, pues, según un estudio de CSC Consulting que buscaba identificar mejores prácticas, afloró que el 48 % del coste de gestión de la cadena de suministro podría evitarse adoptando un modelo de «mejores prácticas». Aún más, las actuales tecnologías no dejan de ofrecer cada día nuevas oportunidades de mejora a los proveedores sanitarios.[1]

No obstante, los ahorros logrados por los proveedores no están beneficiando adecuadamente a los clientes, esto es, los hospitales y, en general, los sistemas de salud. Las iniciativas destinadas a mejorar el tramo externo de la cadena (reaprovisionamiento continuo, EDI e *e-procurement)* son las que están recibiendo más atención, lo cual provoca que se descuiden los procesos que afectan a la cadena interna del hospital y a su integración real en el sistema de suministro completo, esquematizado en la figura 1.1. Esto ocurre, en parte, porque los proveedores, desde su óptica empresarial, necesitan mejorar sus cuentas de resultados, y, dado que la época de crecimiento en ventas con grandes márgenes y clientes fieles ya ha pasado, la optimización de los resultados empresariales está siendo enfocada hacia mejoras en áreas que, hasta hace poco, estos mismos proveedores consideraban secundarias, pero que se han revelado capaces de generar mucho valor para sus clientes: la mejora de sus sistemas logísticos.

Cuando, en la década de 1990, la industria de la alimentación comenzó a aplicar iniciativas ECR, costaba aceptar que la «colaboración» pudiese beneficiar a todos y cada uno de los integrantes de la cadena logística. En la actualidad, no cabe duda de que el objetivo común debe consistir en aprovechar la fortaleza de cada eslabón, evitando conflictos e ineficiencias, para dirigir todos los esfuerzos hacia la satisfacción del cliente-usuario final.

Sin duda, el gran reto de la logística hospitalaria en los próximos años consistirá en la integración de todo el proceso de compras y logística de los hospitales con los sistemas logísticos de los proveedores, que de este modo dejarán de ser sistemas inconexos y sustituirán al tradicional teléfono. Sin embargo, es indispensable que los centros y los sistemas de salud den el primer paso mediante la mejora de sus sistemas de logística hospitalaria.

---

[1] CSC Consulting, *Efficient Healthcare Consumer Response: Improving the Efficiency of the Healthcare Supply Chain,* 1996.

2   Hacia dónde vamos

La presión sobre los organismos gestores de la salud pública, junto con la necesidad de contener el gasto en sus partidas presupuestarias frente a una demanda creciente de servicios clínicos, conlleva la toma de iniciativas encaminadas a la mejora de actividades que, pese a no ser prioritarias para los hospitales, constituyen poderosos mecanismos de percepción de valor para el usuario. El impacto de la adecuada gestión logística en las entidades sanitarias no sólo produce beneficios en un sentido logístico, sino que *también influye en la calidad asistencial.*

Estudios elaborados en Estados Unidos (Chow y Heaver, 1994) estiman que casi el 39 % del presupuesto operativo lo consumen las actividades logísticas (27 % del gasto en material y 11,4 % en horas de trabajo). La labor representada por este segundo porcentaje no la ejecuta el personal formado en logística, sino el más cualificado del área de enfermería y del resto del personal clínico, cuya formación y dedicación no es la más apropiada. Este coste, contabilizado directamente en el capítulo 1, no sólo supone un considerable costo para el centro, sino que también termina afectando a la calidad asistencial y genera situaciones de tensión que pueden y deben evitarse.

Otro estudio elaborado por la HEC de Montreal para hospitales públicos de Canadá, que puede servir de modelo para España por la similitud organizativa en el ámbito sanitario, muestra que el 48 % de los costes que intervienen en los procesos logísticos (imputables a los capítulos 1 y 2) pueden disminuir si se aplican «mejores prácticas» logísticas.

Como hemos explicado en capítulos anteriores, estas mejores prácticas logísticas consisten en considerar la logística un eslabón conexo con el resto de la cadena de compras y suministro. Para ello, es condición necesaria dar el primer paso mediante la implementación de sistemas de suministro a GFH basados en la actividad real de cada servicio, esto es, sistemas basados en el consumo.

Actualmente, tras la desaparición del Insalud, la mayoría de las comunidades autónomas gestoras de sus sistemas sanitarios están inmersas en la implantación de ERP para mejorar los procesos económico-financieros y poder tratar la información de un modo normalizado. Iniciativas como las que se están llevando a cabo en SES, Seris, Sespa, Sescam, IB-Salut, Servicio Canario de la Salud (SCS), AVS y SAS, mediante la elaboración de catálogos de productos que sirvan a todos los centros asistenciales dependientes, de manera que los órganos de gestión (gerencias y servicios centrales) puedan disponer en sus cuadros de mando de datos comparables, son absolutamente necesarias para subsanar el descontrol existente en cuanto a la dispersión de datos. La tendencia razonable en esta dirección, en la que existe una gran oportunidad de mejora en el ámbito de la logística, consiste en gestionar la cadena de suministro completa conjuntamente desde ambos extremos. De este modo, mientras que a los proveedores les servirá como elemento diferenciador respecto a la competencia al añadir valor a sus productos, no sólo con reducción de precios, a los centros les ayudará a planificar correctamente las necesidades de aprovisionamiento gracias a la integración real de la logística en el proceso de compra.

El Institut Català de la Salut (ICS), dependiente de la Conselleria de Sanitat de la Generalitat de Catalunya, por medio de una asociación de hospitales (Logaritme AIE), ha puesto en marcha un sistema en el que se comienzan a considerar los procesos logísticos desde un punto de vista estratégico. Actuando como proveedor de servicios logísticos y como central de compras parcial para los centros asociados, ha logrado reducir más de doce millones de euros anuales de forma recurrente desde que inició su actividad corporativa, en el año 2004. El primer paso tuvo lugar al asociar tres de los ocho hospitales, comenzando con los centros en los que existían procesos de suministro interno basados en la actividad. A finales de 2006, con cuatro hospitales integrados plenamente en la asociación, se hallaban en un proceso de construcción de nuevas instalaciones que les permitirían disponer, en 2008, de un almacén de 15.000 m^2 desde el que prestar servicio a todos los centros de atención especializada dependientes del ICS y a la red de atención primaria de manera automatizada. Otras comunidades autónomas también han empezado a considerar la logística un elemento estratégico en la reducción del coste sanitario.

El Servicio Murciano de Salud (SMS) ha contratado los servicios de un operador logístico (expediente 99/09 «Contratación de una Plataforma Logística») responsable de la gestión del almacenamiento, la planificación y el suministro de todos los centros sanitarios de la Comunidad Autónoma de la Región de Murcia, tanto de atención primaria como de especializada. El proyecto incluye la dotación de equipamiento a cada uno de los centros y la construcción de unas instalaciones que serán cedidas a la Administración una vez transcurrido el período estipulado de diez años.

En el marco del plan Sergas 2014, el servicio de salud gallego también ha implantado su propio modelo de plataforma logística (expediente AB-SER1-11-030) con el objetivo de cubrir todos los centros y organismos dependientes del Servizo Galego de Saúde y de la Consellería de Sanidade: áreas sanitarias, complejos hospitalarios, hospitales comarcales, centros de salud, consultorios, servicios de urgencias, fundaciones, unidades de salud mental, unidades de orientación familiar, etc., así como otras entidades relacionadas con las anteriores; por ejemplo, las residencias para la tercera edad, los establecimientos sociosanitarios, los hospitales privados concertados, etc.

Todas estas iniciativas, junto con la asunción de proyectos EDI (véase el capítulo 7), se enmarcan en la idea, cada vez más aceptada por los gestores sanitarios, de que el control de la logística puede reportar enormes beneficios a la sanidad pública. En este sentido, la estandarización de la terminología de codificación promovida desde la Aecoc (estándares GS1) junto con los grupos de trabajo de distintas comunidades autónomas debe mejorar sustancialmente la gestión de las cadenas de suministro.

La implantación de potentes herramientas informáticas de gestión (ERP), como SAP-R3, permitirá racionalizar internamente la gestión de cada comunidad autónoma al normalizar los criterios y la explotación de los datos de sus centros sanitarios de atención primaria y especializada, de manera que la información sea lo más homogénea posible. La tendencia a unificar el catálogo de productos y servicios dentro de un mismo sistema de salud es ya una realidad, al igual que la implantación de sistemas de suministro interno basados en el consumo.

Estos sistemas permitirán disponer, a corto y a medio plazo, de volúmenes de información por cada comunidad autónoma con los que poder acometer la estandarización de los productos y abaratar los precios de compra. La transparencia de la información y la mayor concurrencia en las ofertas ayudarán a ello. Se dará otro paso adelante cuando distintas comunidades autónomas accedan a compartir sus datos de compra y consumo para influir en las condiciones de mercado. Los proveedores se encontrarán entonces ante la disyuntiva de reducir sus márgenes u ofrecer servicios de valor añadido a sus productos, que los hospitales y los gestores sanitarios deberán evaluar en las licitaciones.

De este modo, la cooperación entre los hospitales y sus proveedores generará ventajas competitivas en un futuro no demasiado lejano. La competencia se reflejará en las cadenas de suministro de cada proveedor, y no sólo en sus precios.

Ahora bien, el primer paso, como ya hemos manifestado en diversas ocasiones, se dará cuando los hospitales estén en disposición de establecer sistemas de demanda colaborativa. Esto consistirá sencillamente en una planificación conjunta con los proveedores de las necesidades de aprovisionamiento anual del centro y de la capacidad de respuesta del proveedor. Ambas partes de la cadena deben conocer perfectamente sus necesidades y capacidades, para planificar sus sistemas logísticos sobre la base de los datos compartidos. Los departamentos de compra de los centros, una vez automatizada la gestión logística de materiales para el suministro interno, deberán dedicarse a la planificación real de las necesidades de cada servicio u hospital, actuando en función de los datos reales de consumo en lugar de considerar, de manera genérica, un incremento porcentual año tras año. La mejora sustancial que tendrá lugar en los años venideros consistirá en el establecimiento de «pronósticos de demanda» a partir de datos ajustados a la realidad asistencial, lo que obligará a que el proceso de compra no se considere terminado mientras no se cierre todo el ciclo logístico.

Un nuevo avance tendrá lugar tras la adopción de modelos de «logística basada en la actividad», mediante los cuales se logrará que la planificación asistencial sea la que genere la necesidad de compra y, por lo tanto, la gestión del flujo logístico.

Será entonces cuando las iniciativas de creación y explotación de plataformas logísticas deberán considerarse seriamente para dar cobertura a zonas de influencia, independientemente de la comunidad autónoma de que se trate. La homogeneización de la información, la normalización de los productos y las denominaciones y los planes de aprovisionamiento compartidos vendrán acompañados de la colaboración logística entre los distintos sistemas de salud. La manifiesta inviabilidad de diecisiete sistemas logísticos a cargo del erario llevará hacia una dinámica de concentración de almacenes zonales que cubrirán hospitales de determinadas zonas geográficas, y que deberían ser promovidos por las propias administraciones en virtud de acuerdos por prestación de servicios de modo análogo a como se procede con los servicios asistenciales.

En conclusión, podría sugerirse cambiar las palabras pronunciadas por cierto consejero de Sanidad («El dinero sigue al paciente») para apostar por que «el dinero siga al servicio».

Capítulo 10

Un caso real: Hospital Universitario Juan XXIII

1 Antecedentes

El Hospital Universitario Juan XXIII de Tarragona es un hospital general de titularidad pública perteneciente a la red del Institut Català de la Salut (ICS), de nivel B-C con un total de 360 camas. En julio de 1998 el hospital tenía los datos presupuestarios y de funcionamiento logístico que se reflejan en la tabla 10.1.

La estructura organizativa de la cadena logística interna antes del 1 de julio de 1998 constaba de dos áreas totalmente diferenciadas:

- *Área administrativa (subsistema de aprovisionamiento),* donde se procesaban todas las solicitudes de material para suministrar a los distintos puntos de entrega del hospital, se validaban los documentos de entrada/salida de los productos recibidos en el almacén y se resolvían las incidencias que se producían en cualquier punto de la cadena interna de suministro.

- *Área de producción (subsistemas de producción y distribución),* donde se ejecutaban todos los procesos de movimiento físico de las mercancías: la recepción, el control físico documental, el almacenaje, la preparación de pedidos, el reparto y la gestión de inventarios.

Desde una visión operativa, el modelo logístico del centro se basaba en una serie de plantillas obtenidas del sistema informático, las cuales recogían los artículos consumidos por cada servicio en los doce meses anteriores. Los tres tipos de plantilla existentes para cada unidad peticionaria agrupaban productos de consumo semanal, quincenal y mensual, en función de los consumos históricos de cada unidad asistencial. La solicitud de material se efectuaba en función de un calendario preestablecido, y el responsable de cada GFH rellenaba sobre una copia de su plantilla las cantidades que consideraba necesario pedir para cubrir su período de suministro. Las solicitudes se hacían llegar ma-

Actividad asistencial	
Ocupación	85 %
Estancia media	8 días
Altas anuales	14.226
Urgencias anuales	65.227
Visitas externas	224.608
Intervenciones anuales	9.725
Intervenciones CMA anuales	1.726

Datos presupuestarios (1998)		
Presupuesto del centro	39.246.090.42 €	
Presupuesto de compras Cap. II	13.736.131,65 €	35 %
- Compra de servicios	4.258.200,81 €	31 %
- Compra de materiales	5.631.813,98 €	41 %
- Compra de fármacos	3.846.116,86 €	28 %

Datos logísticos (1998)	
Número de edificios del complejo	4
Número de puntos de entrega	101
Superficie del almacén	540 m^2
Referencias en *stock*	1.711
Referencias almacenables	8.739
Número de rotaciones	22
Número de pedidos a proveedor	7.086
Personal administrativo	4
Personal de almacén	6
Movimientos de almacén (anuales)	
- Albaranes de entrada	11.057
- Líneas de entrada	17.145
- Pedidos de GFH	8.621
- Salidas de almacén	13.299
- Líneas de salida	91.788

Tabla 10.1. Indicadores iniciales del Hospital Universitario Juan XXIII de Tarragona.

nualmente a la unidad de suministros, ubicada en una zona alejada del almacén, según un calendario establecido que habitualmente no se cumplía, donde se procesaba y se emitía el correspondiente albarán de preparación para almacén.

El personal de almacén, que durante la jornada (de 08:00 a 15:00 horas) recepcionaba mercancías, se desplazaba de manera periódica (2/3 horas) al área administrativa con los albaranes de la mercancía recepcionada y recogía las órdenes de entrada que se habían procesado y los albaranes de preparación de pedidos internos. En el almacén, los pedidos se organizaban por grado de importancia, a criterio del responsable de almacén, y se preparaban para ser repartidos al día siguiente. Los pedidos preparados el día anterior se distribuían a los distintos destinos y se dejaban en la planta correspondiente, recogiendo (cuando era posible) la conformidad del pedido recibido.

En cuanto a equipamiento de almacén, el hospital estaba dotado de una carretilla eléctrica, una apiladora y un transpalé manual. Por zonas, además, el almacén disponía de un altillo en zona de preparación de pedidos que permitía duplicar la capacidad de superficie de almacenamiento y una zona de paletización (pilas americanas).

La necesidad de mejorar el funcionamiento del almacén, profesionalizando la actividad y la posibilidad de reubicar al personal destinado a las actividades logísticas hacia una actividad asistencial (celadores), hizo que la gerencia del centro decidiera subcontratar la gestión de la actividad logística del hospital mediante una externalización *in company*.

2   El contrato de servicios logísticos

El organismo gestor del hospital sacó a concurso público la externalización de la actividad logística de su almacén. En dicho concurso se solicitaba una mejora de los procesos logísticos y de suministro interno que permitiera al departamento de compras visualizar la cadena de aprovisionamiento, al tiempo que se disminuían los niveles de existencias que se mantenían en el almacén general y en los distintos almacenes de planta.

El adjudicatario, además de las obligaciones contenidas en la ley CAP y el correspondiente pliego de cláusulas administrativas particulares, se comprometería a lo siguiente:

- Aportar los profesionales necesarios para efectuar sus servicios. En caso de que la práctica demostrase que su número era insuficiente, llevaría a cabo las correcciones necesarias para garantizar el correcto funcionamiento. El personal aportado dependería laboralmente de la empresa adjudicataria, sin que se estableciera ninguna vinculación laboral, funcionarial o estatutaria con el órgano contratante.
- Garantizar la continuidad del servicio, independientemente de las vacaciones, bajas laborales o cualquier otra circunstancia.
- Sustituir a todo profesional que, según el criterio del hospital, no reuniera las condiciones necesarias para la prestación del servicio.
- Uniformar a su cargo al equipo de profesionales que prestaran el servicio de logística.
- En caso de huelga, se aportarían las soluciones necesarias para garantizar el suministro, al tratarse de un servicio esencial para el funcionamiento del centro.

Por parte del hospital, se estableció, además, un sistema de penalizaciones por incumplimiento de los niveles pactados de servicio:

– Retraso de un día en el suministro de hasta un 25 % de los servicios previstos o en la recepción de mercancías: penalización correspondiente a un día del importe del contrato. Amonestación de un punto negativo.

– Retraso de un día en el suministro de más del 25 % de los servicios previstos o en la recepción de mercancías: penalización económica correspondiente a cuatro días del importe del contrato. Amonestación de dos puntos negativos.

– Retrasos superiores a los especificados: penalización económica adicional a las efectuadas de diez días del importe del contrato y amonestación de cinco puntos negativos.

– Retrasos no pactados con la unidad de compras en la puesta en marcha del calendario previsto: penalización de un día de contrato por cada día de retraso y amonestación de un punto por cada dos días de retraso.

– Incumplimiento de sustitución razonada y por escrito de los profesionales considerados no acordes a la función contractual: penalización económica de cinco días de contrato por cada día de retraso en la sustitución y amonestación a la empresa con puntos negativos.

– Incumplimiento en la ejecución de las inversiones pactadas: penalización económica consistente en descontar de la facturación el importe de la facturación prevista.

– Las penalizaciones económicas podrían descontarse directamente de la facturación del adjudicatario.

– El órgano gestor se reservaba el derecho a resolver el contrato si la acumulación de puntos negativos excedía de diez. En tal caso se retendría la garantía definitiva, sin perjuicio de las acciones legales que se pudieran llevar a cabo.

A partir de estas premisas, la licitación pública para la contratación del nuevo modelo logístico para el centro hospitalario, por un importe de 72.121 € al año, valoraba, además, una partida por parte del adjudicatario con la que hacer frente a mejoras en los equipamientos logísticos del hospital y que no debía ser menor al 5 % del importe de la oferta. Se presentaron tres propuestas técnicas y económicas con los importes reflejados en la tabla 10.2.

Empresa	*Inversiones*	*Importe*	*Ahorro estimado*
A	3 %	72.120,45 €	2.165 €
B	5 %	72.000,00 €	3.721 €
C	5 %	71.760,84 €	3.911 €

Tabla 10.2. Cantidades licitadas en 1998 para la externalización de servicios del Hospital Universitario Juan XXIII de Tarragona.

Fue finalmente la compañía «C» la que se adjudicó el contrato con la propuesta técnica y económica que básicamente se resume en los apartados siguientes.

3 La propuesta técnica

El sistema de reposición automatizada propuesto (SRC) se basaba en el mantenimiento de los niveles de existencias en planta, sin necesidad de efectuar los pedidos programados tal y como se hacía hasta aquel momento, de manera que sería el personal de la empresa externa que llevaba a cabo la logística del almacén el que se encargaría de servir una serie de productos (los afectados por el nuevo sistema) de manera automática, y a la vez de mantener unos niveles de existencias pactados de antemano en cada uno de los almacenes de planta.

A grandes rasgos se trataba de lo siguiente:

– Definir qué productos se debían introducir en el nuevo sistema.
– Definir qué niveles de existencias se debían mantener.
– Definir la periodicidad de aprovisionamiento de cada uno de ellos.
– Dejar el control de las existencias pactadas al personal de logística.

Llegado este punto, las personas responsables de la supervisión dejarían de llevar a cabo sus pedidos periódicos, y sería el personal de logística quien se encargaría de servir el material en las cantidades necesarias para mantener los niveles de producto pactados en cada caso y con las periodicidades que se acordaran.

El método para gestionar el control de las cantidades de cada producto se fundamentaría en el uso de lectoras recoge-pedidos por código de barras, para lo que sería necesario acondicionar los almacenes de cada planta y codificar y etiquetar las ubicaciones de cada almacén.

3.1 *Funciones operativas*

Las definiciones de roles de funcionamiento para el personal aportado por la empresa externa (tres personas) en el nuevo sistema fueron las siguientes:

– Definir conjuntamente con los responsables correspondientes de cada área los niveles de existencias que se debían mantener para cada uno de los productos afectados por el nuevo sistema de aprovisionamiento interno.
– Aprovisionar los almacenes de planta de manera automática en las cantidades necesarias para mantener los niveles de existencias pactados.

– Preparar los pedidos programados de manera similar a como se hacía hasta entonces.
– Colocar los productos en sus ubicaciones.

Respecto a las funciones que debería desarrollar el personal clínico del hospital, únicamente se solicitaba que supervisores/as asumieran la revisión de las plantillas de producto definidas para cada servicio y el mantenimiento del orden físico en sus respectivos almacenes.

3.2 Ejecución

Para la implantación del nuevo sistema de aprovisionamiento interno fue necesario determinar previamente los productos de cada servicio que entrarían en el sistema de reposición automatizada, las existencias que había que mantener en cada almacén de planta de cada uno de ellos y, finalmente, las periodicidades de reparto para mantener las cantidades pactadas.

En la definición de las existencias se tomaban en cuenta los datos de consumos reales del año 1998, desde enero hasta septiembre, y se confrontaban con los datos establecidos en su día para cada servicio. A partir de aquí, se definieron las nuevas existencias que se debería mantener en cada planta, teniendo presente que el nivel de respuesta para los casos en que dichas cantidades no fueran suficientes sería muy alto. En estos casos, previstos hasta entonces como pedidos urgentes, se estableció un seguimiento periódico de cada una de las existencias para evitar faltas de producto en cualquiera de los servicios, con una revisión de los niveles de existencias pactados para ajustar cantidades.

El acondicionamiento físico de los almacenes de planta se hizo tratando de unificar la ubicación de cada producto y los sistemas de almacenamiento, etiquetaje y lectura de los mismos.

Antes de empezar con el nuevo sistema, en cada uno de los servicios o plantas se llevó a cabo un inventario parcial de los distintos almacenes para conocer las existencias reales de cada producto y poder trabajar con datos fiables.

4 Los resultados

A partir de la implantación del modelo logístico propuesto, mediante la asunción por parte del personal de logística de todas las tareas relacionadas con el control y movimiento de productos almacenables, se logró durante los seis primeros meses del proyecto estabilizar los consumos de cinco GFH (entre ellos la UCI) y crear un clima de confianza en el nuevo sistema, que permitía afrontar los cambios organizativos en estrecha colaboración con el personal clínico afectado.

AHORRO DE COSTES

UCI	31,60 %
Plantas hospitalización (9)	20,55 %
Bloque quirúrgico	29,85 %
Urgencias	19,56 %
Consultas externas	12,35 %
Laboratorios	45,30 %

Tabla 10.3. Ahorro de costes conseguido con la implantación del sistema de reposición continua.

Tras dieciocho meses de implantación del sistema de reposición continua de material fungible sanitario desde almacén general, se obtuvo el ahorro de costes que expresa la tabla 10.3.

5 Situación final

Los servicios logísticos prestados en el Hospital Universitario Juan XXIII fueron sufriendo variaciones una vez que se establecieron y asimilaron los procedimientos de la nueva estructura. La mejora de los procesos y el buen funcionamiento del modelo implantado permitió, a partir del segundo año de la externalización, asumir la logística de las muestras externas de laboratorio y su traslado a los laboratorios de referencia de Barcelona, optando por la implantación de normas ISO 9001:2000 para el control de entregas y transporte.

En el ámbito de la operatividad, el incremento de la actividad asistencial y la apertura de nuevas instalaciones obligó a incrementar el contrato de logística, asumiendo la prestataria del servicio las tareas administrativas para el procesamiento de los pedidos generados por los centros peticionarios no automatizados y la amortización de las compras en el sistema informático, reportando las posibles incidencias al departamento de suministros. Con esta renegociación de las condiciones contractuales, el adjudicatario amplió

TABLA DE ACTIVIDAD

Indicadores	*1999*	*2000*	*2001*	*2002*	*2003*
Líneas de albarán	137.667	143.457	166.088	182.539	200.620
Número de GFH	102	117	170	173	216
Personal externo [1]	3	3	4	5	5
Importe facturación	71.760,84	72.825,63	74.925,90	82.639,60	102.172,05

(1) Sólo se considera el personal externo de la empresa adjudicataria.

Tabla 10.4. Evolución de la actividad en el almacén del Hospital Universitario Juan XXIII.

la plantilla en cinco personas y el hospital recuperó el personal que tenía en funciones de control de almacén (una persona). Esta estructura operativa se mantuvo hasta marzo de 2003, fecha en la que la empresa de capital público del Logaritme AIE, creada para gestionar las compras y los servicios de logística de los hospitales dependientes del ICS, asumió sus funciones.

El aumento de actividad a lo largo de los años queda reflejado en la tabla 10.4.

Bibliografía

— «Benchmarking the hospital logistics process.» Étienne Poulin. *CMA Management,* vol. 77, n.º 1, 2003; 4-20.

— *El desorden sanitario tiene cura.* Rajaram Govindarajan. Marge Books, Barcelona, 2010.

— «Health services supply departments: performance measurement.» Iván Dacosta. *Revista Española de Salud Pública,* vol. 75, n.º 4, 2001; 321-336.

— *Kaizen: la clave de la ventaja competitiva japonesa.* Masaaki Imai. Grupo Editorial Patria, México, DF, 2007.

— *La cadena de suministro.* Federico Sabrià. Colección Gestiona, Marge Books, Barcelona, 2004.

— «La performance des modes de réapprovisionnement des fournitures médicales.» Jean--Philippe Blouin, Martin Beaulieu y Sylvain Landry. Cahier de recherche n.º 00-01, École des Hautes Études Commerciales, Montreal, 2000.

— *Logística del automóvil.* Federico Sabrià. Marge Books, Barcelona, 2004.

— *Logística hospitalar. Teoria e práctica.* José Carlos Barbieri y Claude Machline. Saraiva, São Paulo, 2006.

— «Logistics in the Canadian Health Care Industry.» Garland Chow y Trever D. Heaver. *Canadian Logistics Journal,* vol. 1, n.º 1, 1994; 29-73.

— «Mise en place d'une nouvelle organisation hospitalière orientée sur l'optimisation des flux: impact au plan économique et humain.» Claude Storper. *Logistique & Management,* vol. 3, n.º 1, 1995; 10-15.

— *Moving mountains: lessons in leadership and logistics from the Gulf War.* William G. Pagonis y Jeffrey L. Cruikshank. Harvard Business School Press, Boston, 1992.

— «'No-count' system adds up to supply chain success.» Marvin Gerber. *Materials Management in Health Care,* vol. 8, n.º 6, 1999; 30.

— *Principios de gestión sanitaria.* Francisco Errasti. Díaz de Santos, Madrid, 1996.

— *Soluciones logísticas.* Francisco Álvarez Ochoa. Marge Books, Barcelona, 2011.

— «Systèmes de réapprovisionnement des unités de soins: descriptions et implications organisationnelles.» Jean-Philippe Blouin, Martin Beaulieu y Sylvain Landry. *Logistique & Management,* vol. 9, n.° 2, 2001; 43-53.

Webs de interés

- Asociación Española de Codificación Comercial (Aecoc): www.aecoc.es
- Comisión Técnica de Compras y Logística (CTCL): www.ctcl.es
- ET Systems: www.etsystems.es
- Logisnet: www.logisnet.com
- Omnicell: www.omnicell.com
- Pyxis: www.pyxis.com
- Swisslog: www.swisslog.com